# 彩色的爱

罗彩文　著

四川文艺出版社

图书在版编目（CIP）数据

彩色的爱 / 罗彩文著. -- 成都：四川文艺出版社，
2019.12
　ISBN 978-7-5411-5574-1

　Ⅰ.①彩… Ⅱ.①罗… Ⅲ.①罗彩文—自传 Ⅳ.
①K825.76

中国版本图书馆CIP数据核字(2019)第263137号

CAISE DE AI
## 彩色的爱
罗彩文　著

| | |
|---|---|
| 责任编辑 | 梁康伟 |
| 封面设计 | 叶　茂 |
| 内文设计 | 史小燕 |
| 责任校对 | 段　敏 |
| 责任印制 | 唐　茵 |

| | |
|---|---|
| 出版发行 | 四川文艺出版社（成都市槐树街2号） |
| 网　　址 | www.scwys.com |
| 电　　话 | 028-86259287（发行部）　028-86259303（编辑部） |
| 传　　真 | 028-86259306 |
| 邮购地址 | 成都市槐树街2号四川文艺出版社邮购部　610031 |
| 排　　版 | 四川胜翔数码印务设计有限公司 |
| 印　　刷 | 四川新财印务有限公司 |
| 装　　订 | 成都东江印务有限公司 |
| 成品尺寸 | 180mm×255mm　　　开　本　16开 |
| 印　张 | 22　　　　　　　　　字　数　370千 |
| 版　次 | 2019年12月第一版　印　次　2019年12月第一次印刷 |
| 书　号 | ISBN 978-7-5411-5574-1 |
| 定　价 | 128.00元 |

版权所有·侵权必究。如有质量问题，请与出版社联系更换。028-86259301

# 罗彩文艺术业绩

罗彩文几十年为儿童舞蹈事业辛勤耕耘，创作了大批优秀儿童舞蹈作品，为下一代的健康成长，为他们的体智德美劳全面发展提供了充满正能量的精神食粮。

从二十世纪八十年代开始，她所创作的作品在国际、国内国家级、省级、市级的各类比赛中屡获殊荣并为国争光。

## 一、国际奖项

创编的具有浓郁中国特色的儿童舞蹈《欢乐的节日》《红披毡》受中国文化部委派，在罗马尼亚克鲁日国际儿童艺术节、乌克兰克里米亚国际儿童艺术节、波兰比得哥什国际儿童艺术节参赛，荣获一等奖及最佳表演奖。

创编的反映中国和各国儿童友谊的舞蹈《友谊火车》和《雪域欢歌》在美国夏威夷中美儿童文化年中两度荣获金奖。

创编的反映彝族儿童快乐童年的《弹起月琴跳起舞》在德国柏林中德青少年艺术节荣获一等奖。

创编的舞蹈《我爱老师的目光》在新加坡国际儿童艺术节荣获艺术节最高奖——"金狮奖"大奖。

受文化部委派多次率团参加法国、西班牙、意大利、以色列、约旦、多哥、贝宁、俄罗斯等国展演，增进了各国儿童之间的友谊，用舞蹈架起一座座友谊的桥梁，并为在国际上展示中国丰富的民族文化作出了贡献，为国争光。

## 二、国内奖项

创编的反映环保主题的舞蹈《小猫钓鱼新编》、表现世界儿童呼唤和平的《孩子·鸽子·明天》、《今天我执勤》在中国文联、中国舞协主办的"小荷风采"大赛中分别荣获金奖，并多次荣获优秀编导奖、优秀园丁奖。

创编的反映关爱残疾儿童主题的舞蹈《我和小伙伴一起飞》《我们都爱大熊猫》等在由文化部、教育部、全国妇联、团中央等多家单位主办的少儿舞蹈大赛中荣获二等奖。《我和小伙伴一起飞》被选派赴京参加中国第二届艺术节。《我们都爱大熊猫》被选送联合国教科文组织。

创编的舞蹈《小格桑踏歌》及讴歌交警、培养安全意识的《今天我执勤》在香港金紫荆儿童艺术节和澳门新年晚会中荣获金奖。

《种太阳》《小格桑踏歌》在厦门"海峡两岸和平之星"舞蹈大赛中荣获金奖。

《帕米尔的春天》参加中央电视台"拉法杯"CCTV首届少儿舞蹈大赛，获银奖第一名。

《今天我执勤》在中央电视台"舞蹈世界五彩缤纷"夏令营获颁"突出贡献证书"。

《乐翻天》在首届全国"魅力校园"舞蹈大赛中获金奖，在上海东方卫视首届少儿春晚获金奖。

省市级奖项从略。

## 三、个人获得的荣誉

由全国少儿艺术委员会、中国舞蹈家协会、成都市委宣传部、市文联等八家单位在北京举办的罗彩文个人作品专场《彩色的爱》引起极大轰动，中央电视台《晚间新闻》《人民日报》（海外版）、《中国文化报》《中国教育报》《解放军报》《中国青年报》《文汇报》《中国人口报》《四川日报》《成都晚报》《舞蹈》杂志等多家媒体做了专题报道，罗彩文被誉为"为儿童播种太阳的人"。

由全国少儿艺术委员会、中国舞蹈家协会在文化部举办"罗彩文创作研讨会",中国舞蹈界鼻祖吴晓邦老师、时任中国舞协主席的游惠海老师、白淑湘老师、北京舞蹈学院院长吕艺生、一级舞蹈理论家隆荫培、徐尔充、孙天路、《舞蹈》杂志总编王同礼等老一辈的学者、专家和各界媒体都观看演出并莅临研讨会,给予极高评价,这在中国是首屈一指的。

在《舞蹈》杂志上发表了《儿童舞蹈的三级构架》《拓宽儿童舞蹈的艺术视野》等多篇论文,发表了舞蹈作品场记《泥娃娃》。

由深圳海洋音响出版社出版了《罗彩文舞蹈教学》录像带。

由于在儿童舞蹈领域的突出贡献,曾被评为"四川省三八红旗手""四川省巾帼建功先进个人""全国十佳儿童舞蹈专家",荣获全国少儿艺术委员会、中国舞蹈家协会颁发的"为儿童舞蹈事业多年辛勤耕耘做出突出贡献"证书。

培养了大批儿童舞蹈人才,在成都大学学前教育学院(原成都幼儿师范学校)一边任教一边创作,每年向幼儿园输送大批儿童舞蹈教学人才。也向专业团体培养了骨干,比如王枫,现任澳大利亚一现代舞团团长;何京亚,于北京舞蹈学院编导系毕业后任专职编导;谷浪,于中国传媒大学毕业后,在《香港卫视》任编导;刘然,现在加拿大多伦多从事中加文化传播和文化交流工作。

担任成都市舞协主席期间,多次组织群众舞蹈《美丽心情》大赛,把《美丽心情》做成了成都市的舞蹈品牌,从《美丽心情》走出的多部舞蹈作品如《快乐广场》《伴》《生命通道》《好一个都江堰》等在全国获奖。参与策划、组织了由成都市委宣传部、市文联举办的庆祝党的九十周年诞辰、喜迎十八大胜利召开的专题晚会。组建了市文联少儿艺术团各分团。多次参加香港"全国金紫荆大联欢"舞蹈比赛及厦门"海峡两岸和平之星"舞蹈大赛,均荣获金奖。

# 大爱无垠,舞者无疆
## (代序)

舒 淳

不看不知道,一看吓一跳!

川人生性幽默风趣,常用此言表达对熟悉朋辈的"意外发现",抑或"不识庐山真面目,只缘身在此山中"之讶异与惊诧莫名。

素有"马大哈"之称的罗氏彩文,不为人知地在悲怆的人生之旅跨过一道道门槛,沐浴风霜雨雪,采撷春花秋月,一步步走向"有梦、筑梦、圆梦"的佳境与非凡,有了不鸣则已、一鸣惊人的造化——泪与汗、苦和甜、悲与欣交集成趣的大著《彩色的爱》,实属意料之外,又在情理之中。

她这是对人生立功、立德和立言的诠释与践行。

笔者对此曾主持过访谈会,并物色代言人。哪知她亲自动笔,洋洋洒洒二十多万言,并配以权威性奖项与图片。

初时对书名《彩色的爱》多有微词:爱是专注的、浓烈的、一往情深的,怎会有色彩斑斓之说?

原来,有关部门为表彰其卓越成就,曾举办过以此冠名的罗彩文个人作品专场。

她道,爱是博大的、丰富的、多元化的,亲人之爱、朋友之爱、同学之爱、师生之爱,乃至事业之爱、大自然之爱、大千世界之爱,皆是以爱为核心价值的追求……

遑论其尊姓后有彩有文!

彩文是多年同事兼同桌牌友；其夫君是鼎鼎大名的李西林——中国著名指挥艺术家、四川音乐学院前副院长，身兼国内外合唱机构重要席位，收获各种殊荣。一门两个"著名"与"大家"，实属凤毛麟角。

西林风头更劲，他是川人中少有的不打麻将、不玩牌九的苦行僧式的人物，其言谈举止又妙趣横生，专注学问，已为四川高校学科学术带头人，并执棒行走与陶醉于世界各大音乐盛典中。

西林亦为笔者同乡同学同事，其华诞日，笔者以一文《国家大舞台，高扬西林风》、一酒即茅台志贺。寿典由其弟子操办，欢声与掌声齐飞，美酒共美肴一色。

西林风仍浩荡于新时代大舞台!

彩文似乎生活在大师的光环下："这是李院长夫人……"此为通常的指称与代码。直到翻阅此书，才还原其真相与尊严："马大哈"也是硬角色，不可小觑。

她是从嘉陵江畔走出的一个小人物，却起舞于大半个世界：在其酷爱与修炼的一方天地，独秀于林，恣意出彩，以感性与悟性编创了人类通晓的肢体语汇，演绎了少年中国故事与传奇，收获了国家与国际级大奖!

她对如烟往事的真情表达，因是站在个人的视角与理解的坐标上温故知新，带着浓郁的罗氏色彩与判断，是为"一家之言"。由此更具有独特的、唯一的、不可复制的罗氏个性与文风：朴素朴实甚至朴拙，却率真坦诚，毫无花拳绣腿之嫌。

她在人生苦旅中寻觅远去的光影与足印。

让我们一起走进罗氏语境与秘史。

## 之一 素描般的少年叙事

童年、童心和童话是人生最美好的记忆与词汇!

彩文几乎是用白描的手法，直白地回溯与勾画了童年与少年时代的孤独、凄凉与挣扎。

其父仅为民国时的邮差（巅峰时升为科长）而入列"旧官吏"或"旧职员"，却被定以"历史反革命"，从此波及罗氏家族一众老小！

抄家，罗父收押，罗母病逝，她受人歧视，四处零落。

"一天，我吃了不干净的东西，得了急性肠胃炎，又吐又拉，发着高烧，躺在床上，几天几夜无人问津。本来就瘦弱的我，被疾病折磨得昏迷了过去。不知何时，父亲回家发现了奄奄一息的我，送到医院抢救的时候我已经严重脱水了，生命危在旦夕。我迷糊中隐约听见父亲'嗵'的一声跪在医生面前，哭着哀求道：'求求你们，一定要救救我女儿，她妈死得早，这孩子太可怜了，求你们一定救活她'……"

医生动了恻隐之心，竭尽全力，终于保住了她弱小的生命。

求生，求学与求职……

她与二姐住在乡下姑妈家。天资天分使之"小荷才露尖尖角"。不幸之人有幸被四川省歌舞团相中，压腿、开胯、问答乃至成绩等，都让招考老师十分满意。临走时留下一句话：回去告诉家长，等候通知……

家长？哪有家长……

母亲含恨而去，父亲不知关在哪儿，寄人篱下的苦儿常常背着书包，步履沉重地走向那小巷深处——不是家的家。

如今每逢清明时节，渴望祭祀先贤之灵，竟不知坟冢何地，魂归何方，只能点烛宣示心语与无奈的相思！

她道，我非常渴望摆脱这个窘迫的苦境，心里常想有一双翅膀载我远走高飞……终于，机遇来了，虽然还这么遥远、迷离，像天边的彩虹，转瞬即逝，但我必须搏尽全力，牢牢抓住。

苦难，是成功的第一缕曙光！

南充，位于川北嘉陵江畔的秀美名城，一江渔火，两行江鸥，三春杨柳……这片神奇的土地,诞生了无数神奇!

罗彩文也是一个神奇。

处江湖以远的"马大哈",在走村串巷的基层舞台上也是常丢三落四、出尽洋相的"活宝",却登庙堂之高,畅行于世界大舞台……须知,她带的团队全是童子军。团长与团员童心未泯地闯荡天下,来去匆匆,一路精彩……

几经磨难,顽强生命从石缝中萌芽,她竟获得两所学校的入学通知书:四川省舞蹈学校和四川省戏剧学校。她选择了后者,即戏剧学校话剧专业。也许是一念之为,或许是冥冥之中的神灵佑助,实为明智之选!

话剧,是众多艺术门类中难度最大的:在有限时间、有限空间和有限人物框架内,拟作历史叙述与深邃表达。如曹禺之《雷雨》,以周家之雷与雨,折射时代的暴风骤雨;又如老舍的《茶馆》,小小茶馆,品鉴的是大大社会。

它需要博览群书,崇尚经典,读懂历史和洞悉人物。

彩文的这一段求学经历,对其学业、学问与学养的积累,至关重要。

时值全民饥饿、百业凋敝、剧校关门……晴天霹雳般的灾变轮番袭来!

受挫的学子们先是张皇失措,后又哭声一片,再后各奔东西。

此刻,乍现一线生机:武汉空政文工团赶来招生,招考的马助理看中她的才艺与潜力,有心力荐。当入选的同学整装启程时,她却一无所知,如一片秋叶,跌落在岁月的沧桑中。马助理也消失了,无影无踪。

马助理,你在哪里?你不是说我条件好,要选我入伍吗?不是还说武汉比成都大吗?

真相大白,父亲的"历史反革命"帽子如影随形,令她名落孙山。

愤怒、迷茫与孤苦的泪水纵情奔泻,似乎欲将这无情的世界淹没!

浅吟低唱唐婉《钗头凤》,以照心境:

世情薄,人情恶,

雨送黄昏花易落……

## 之二　国画般的飘逸青春

国画被誉为国粹，空灵、飘逸，时时留白。留白，是无为而无不为的闲适与洒脱，是宁静致远的淡定与蓄势待发！

人生如国画，有色有白，写实又写意。

智者将命运之幸定义为不断追求，将不幸定义为积累与磨砺。耐得住寂寞，享受孤独与留白。

留白，是最圣洁、率真、达观的生命哲学。

它是处世之道，信仰之根，艺术之源！

两眼无助，一脸茫然的彩文被安排到了无人问津的绵阳地区歌舞团，其前身为江油县文工团。虽为一县级"草台班子"，却是藏龙卧虎之地，许多背负历史包袱的名师大腕如缤纷落英，遗落在这偏僻一隅，由此集合了一支"牛鬼蛇神"式的精英团队。

琴棋诗书画，生旦净末丑，悉数精彩。

笔者经世的第一处驿站，即是这一"庙小神灵大"的世界！

寒门出孝子，陋室出才俊。

指挥家李西林、作曲家何训田、美术家唐绍云、摄影家李开杰、电视艺术家罗欣、书法家郭嵩明，还有歌唱家、作家、策划家、教育家……此等声誉卓著的人物，皆出自那名不见经传的"草台班子"。

奇哉，怪哉，壮哉！

彩文参加过"四清"运动，到平武建兴山上与农民同吃同住同劳动。乡绅的远去，民间的疾苦，乡民的淳朴……无不给她留下深刻印象。

在名为崔家巷的昔日官吏的破败小院里，上百号人，景片作墙，拥挤不堪，甚至不经意间能听到彼此的梦呓与打情骂俏。

那时，一切艺术活动都停止了，唯有"八个样板戏"和"忠字舞"。

笔者初见罗同事：一个普通的平凡的人，身材有点苗条，可能是舞者；其参与的团创节目如《唐成模》等，虽顺应了时代，演员也尽了力，却乏善可陈（笔者和西林刚进团，未经排练，着自己的军便装，直接上场歌之舞之）。

还好，它成了经久不衰的谈资与笑料，聊补晚岁生趣。

其间，彩文对刚来的"二郎神"十分友善，引荐了她熟悉的许多文化名人，如诗人木斧、作家克非（克非本名刘绍祥，绵阳文坛著名"三刘"之一，另为刘俊民、刘汤）。有人取笑：冷面西施分外热情，是企图在你俩中挑选上门汉？

西林天生就是个外向型的活跃人物，颇有"见面即熟，饭后成友"的本能。直到他俩已成为秘密恋人，笔者仍一头雾水。

记得刘晓庆身着戎装到此造访笔者等老同学，唯一能体面接待日后大红大紫的大明星之"豪宅"，即为彩文与西林的婚房。

该团曾驻扎三国遗址落凤坡之白马关，取名红艺农场。日出而作，日落而息，另为斗私批修。

"最高指示"下达，常常在半夜时分，农场倾巢动手点燃火把，下山欢呼庆祝。漫山遍野火把蜿蜒成火龙，煞是壮观。在声嘶力竭的口号与震山震水的锣鼓声中狂欢雀跃……

落凤坡，名不虚传：当年凤雏与刘备换马以保主公，结果中箭落马。刘皇叔痛泣，在此建庞统寺追念，香火千年不绝。

此处还有个晚清名士李调元，著述颇丰，其藏书楼被焚，李氏将残篇从灰烬中抢出，挖坑掩埋，取名"书冢"，并跪拜哭坟：烧书不烧我，留我待如何？

中国历代学人崇尚耕读传家，对藏书、焚书，刻骨铭心！

才子佳人也如落架的凤凰，与"落凤坡"厮守，是天意，还是轮回？

不久，样板戏要普及。于是，一个地方歌舞团变脸为芭蕾舞团，《白毛女》《红色娘子军》等粉墨登场。

芭蕾舞中典雅、皇家气象般的脚尖舞，是其特色与亮点，练就非一日之功。经勤学苦练，竟完美亮相，给寂寞清冷的生活带来些许愉悦与惊喜。

彩文饰演了《白毛女》和《红色娘子军》的女主角，全团上下竭尽全力（笔者已上二十岁，还要去练压腿、劈叉等童子功，谁说不是苦其筋骨与脱胎换骨？）。

谁知光鲜红舞鞋，浸透着落凤人的汗水、泪水与血水！

她出演的第一个舞蹈是《康巴的春天》。据悉，首演成功，收获感动："手长腿长，自信自如，很有范儿……"

复排时，笔者也见到了这一经典：精致、唯美，舞者举手投足与仪容神态，皆陶醉于那雪域高原、藏家村寨与蓝天白云的境界与神圣之中，天人合一，其抒情的旋律与妙曼的舞姿在人脑海挥之不去。

之后，李西林重回川音就读，师从著名指挥教育家熊冀华、严良堃和马革顺等，再后又到上海、日本深造。

夫唱妇随，彩文也调入成都大学学前教育学院（原成都幼师）。在此之前全国性停课，"破四旧"荡涤了一切……

师资缺失了，教材没有了，学业荒废了。幼师虽有舞蹈课，却没有舞蹈教学室，仅有简陋露天练功房，舞蹈老师由体操老师顶替，见操不见舞，甚至连舞蹈术语也成体操用语：如"山膀"叫"侧平举"，"扬掌"叫"斜上举"，"双托掌"叫"前上举"等，让人哑然失笑。

彩文沉思，任意将舞蹈课异化为体操课，长此以往，综合素质何在？何以授业解惑？一切从零开始，还原幼师开设舞蹈课的真谛与意蕴。

教材奇缺，上课内容都因材施教自编自创。学生们依样画葫芦……教材用完了，又当如何？要造血，而不是输血，即教会学生自编自创舞蹈，特别是幼儿舞蹈。这才是取之不尽、用之不竭的源泉！

以身作则，从我做起！

"自编自创教材，以幼儿为主体，为研究方向……"直面祖国的花朵，中国的未来，务必强化师资师质的创新思维与能力！

此为大责任与大担当，注定是彩文具有重大转折意义的人生抉择：由此厚积薄发，由此春播秋收，由此从必然走向自由，从中国走向世界！

当下无数鱼龙混杂的学前班、辅导班和形形色色的少儿艺术和特色班，假教育改革之名以行之，其产业化乱象困扰着中国家长，童真、童趣和童年成了一个沉重话题！

可见，她的研究方向及其选题在当时是何等及时与精准。

一九八一年成都艺术节上，彩文首创的《小雁归队》《为了明天》拿下两个一等奖，并由四川电视台录制播放。那个年代上电视如同登月，全校欢声笑语，人人奔走相告。

用舞姿意寓大雁之飞不能擅离雁阵，雁群在暴风雨中彼此关爱，扶摇直上九天……

用形象化语汇，诠释知识就是力量，展示学生们刻苦学习英语的状态……

这两部作品，皆从孩子们的生趣出发，形式生动活泼，主题健康向上，规避了成人化、教条化倾向；寓教于乐，主张自我体验与表达！

自此，彩文郑重走上少儿舞蹈创作之路。

初时为歌配舞，以解幼师无教材之困。到了三年级，已具备了舞蹈基础知识，再带学生出校门，到幼儿园实习，观察捕捉孩子们的生活情态。之后开讲初级舞编理念与理论知识，再分组互相启发、示范与切磋，直至将舞编成绩纳入毕业考评。

其体验式、启发式、互动式施教，令学生群情激奋，兴趣骤增，佳作频现！

那时的校风真好，学生真刻苦，热爱幼教事业，珍惜来之不易的求学机会——彩文动情忆及。

此时，省教委幼教处赋予她新任：四川省幼儿师范学校教研大联组组长，引领和整合全省资源，共写共创共享新编教材与教案，幼教编创之风，席卷巴蜀大地。

二十世纪九十年代，彩文就独树一帜地突破了年复一年的应试教育陈规，以创新意识开启少儿天真无邪的心智，使用人类早期的肢体语言（劳动创造了人类，而劳动本身就蕴含舞之蹈之的特征，它先于语言与文字），它是最能传意抒志且无须翻译的"世界语"。

选择这一独特的群体与表达形式，无疑找到了培养和造就一代新人的最佳视角，实现了"开智、开心和开悟"之宗旨，受到莘莘学子和广大家长的推崇。

大熊猫产自四川，被誉为活化石。恐龙这样的史前巨兽经沧海桑田已不复存在，而温顺的大熊猫却幸存下来，创造了生命奇迹。

这一稀有的濒临灭绝的国宝，理所当然地成为抢救、保护对象。

大熊猫出使世界各国，引起全世界小朋友喜爱。它的每一次出镜，都是重要新闻。

为此，彩文创作了《我们都爱大熊猫》：

蓝天白云，箭竹苍翠欲滴。竹丛中憨态可掬的大熊猫正与藏、羌、彝等各族小朋友嬉戏玩耍。气候突变，箭竹枯萎，大熊猫赖以生存的唯一食物断绝了，在各族小朋友的呐喊中，世界各国不同肤色的小朋友闻讯赶来，手捧箭竹，或奶瓶，或糖葫芦，或针管，或美钞……即儿童能想到的所有方法，开展了生动别致的国际抢救大行动……

场面宏大，题材新颖，高潮迭起，蔚为壮观地表现了人与动物、大自然和谐相处之主旨！

它受到全国专家研讨会盛赞：少儿舞中的上乘之作。

之后，四川省以"熊猫"为主题，开启了国际性的"熊猫艺术节"。

一九八四年，成都市少年文化宫受邀赴京，晚会演出七个节目，其中有六个由彩文编创，在首届全国儿童舞录像赛会上，荣获大奖，并选送联合国教科文组织。

她创作的少儿舞蹈经典，还走进了中南海，获得了全团包机从北京返蓉的优待。她出席了中国首届儿童舞蹈研讨会，担任中国足球甲A联赛开幕式总导演。

罗彩文个人作品专场，引人联想与感悟。

题材各异、风格迥然的少儿舞蹈有序亮相——

《泥娃娃》，悠然将观众带入浩瀚苍穹，思绪随太空人遨游与憧憬。

《绿色的希望》，呼唤生态文明。

《玩具钟表店》，对"一寸光阴一寸金，寸金难买寸光阴"的童心诠释与表达。

《鹬蚌相争》，寓言故事的儿童化形象化解读，借鉴了戏曲的风格，其中渔夫的表演吸纳了川剧丑角元素，令人捧腹。

《小小粉刷匠》，是对改革开放中广厦崛起的礼赞。

《原上草》，"离离原上草，一岁一枯荣；野火烧不尽，春风吹又生。"是古典诗歌的新时代演绎。

《我和小伙伴一起飞》，以风筝为媒，生动展现残疾儿童与健康少年比翼齐飞，羌族特有的肩铃技巧，使之生趣盎然。

《爱》，一个失去母爱的幼儿，收获了师长之爱、同学之爱，由此融化伤痛而成长于大爱之中。

《北京喜讯传边寨》，将专场演出推向高潮，身穿燕尾服的小指挥点燃了全场观众火热之心，掌声笑声叫好声汇成欢乐海洋，如盛大的节日……

彩文感恩所有帮助过她的人，本书中有专章《我的恩师周诗蓉》：当赴京遇到困窘时，这位身份显赫、成就卓越的艺术家竟言，我就是到人民南路拉横幅，也要为少儿艺术拉到赞助。当彩文光鲜地站在镁光灯下，这位气质高雅的美女，却隐身幕后，不亮相，不发言，不接受任何采访和嘉奖，像一尊雕像，永恒永光！

她就是彩文的恩师——四川省舞协副主席、成都市舞协主席周诗蓉！

恩师如恩母，诗意般地润泽蓉城。

谁言寸草心，报得三春晖？

宋人欧阳炯《春光好》,似能润色补白:

天初暖,日初长,好春光。

万汇此时皆得意,竞芬芳。

### 之三　浓墨重彩的油画般岁月

她收拾心绪、从容整装飞向南海的那个"圈"。

此前,她已被授予"四川省三八红旗手"、"四川省巾帼建功先进个人"和"四川省儿童文化先进工作者"。

难分难舍,又盛情难却!她被借调到了深圳特区。人到中年的舞者,心气还这么高,志向还这么远?上风上水,功成名就,夫妇共荣似要全都"归零",一切从头开始。

性格就是命运。

淡泊明志,宁静致远——这就是留白!

哪知,浓墨重彩的大戏正拉开帷幕……

她又从"一个老人画的那个圈"走出,向世人演绎"春天的故事"。

文化部来电,从四川辗转传到深圳南山实验学校,邀请她组织中国少儿艺术团出访,首站非洲贝宁。

行色匆匆,精心准备,通宵达旦……

深圳南山区委区政府领导与学校师生隆重送行。

飞机先到法国,在戴高乐机场转机,再穿越撒哈拉沙漠,直抵贝宁。她是第一次带团出国,遥远的贝宁舒开双臂,分外热情地迎接来自中国的小天使。他们也是首次接待中国小客人。

演出中,当《友谊火车》伴着鸣笛的火车穿山越岭,节奏感超强的非洲朋友纷纷击节鼓掌,似在给火车加油,为小朋友助威。最后到达目的地,火车车厢呈现中法文字写的"中国——贝宁,贝宁——中国"。欢呼与呐喊此起彼伏,一浪高过一浪!

再访"非洲瑞士"多哥首都洛美。洛美与深圳是友好城市,学生自制的五星红旗映红黑皮肤与黄皮肤小朋友的笑脸,深圳南山实验学校与洛美小学结为友好学校。

八岁即随团出访的刘然,后来在事业上很有成就,其父感慨地说:"然然有今天,全靠你们在她那么小就带出国,开阔了视野,树立了远大目标……"

结束了非洲之行,少儿艺术团又到法国参加国际儿童艺术节,开幕式在公园举行,法兰西的浪漫与随意尽收眼帘。次日街头巡演,围观者送上赞美声:"Ok、Ok!"

塞纳河、埃菲尔铁塔、卢浮宫、凡尔赛宫、凯旋门和巴黎圣母院……壮丽的景观与浓厚的文化,无不给中国孩子以身心与境界的升华与熏陶。

春暖花开时节,来自黑海之滨的罗马尼亚克鲁日省少儿艺术团,来到深圳南山实验学校——因之前的出访广受好评,文化部特别推荐罗马尼亚少儿艺术团到访。两国小朋友在同绘的百米长卷上,各自用彩笔画下心中的美景!

彩文受文化部委派率领以南山实验学校学生为主体的中国深圳少儿艺术团参加了许多国家的文化盛典:如罗马尼亚金孔雀艺术节,波兰比得哥什国际音乐节,乌克兰、法国、奥地利、俄罗斯、以色列、土耳其、美国、约旦、意大利、西班牙、德国等国际艺术节。

中国外交部、教育部、文化部、广电总局、共青团中央、中国妇联以及有关国家使馆给予了嘉奖与表彰!

东方欲晓,莫道君行早。
踏遍青山人未老,
风景这边独好!

她以一己之力自觉地、无怨无悔地充当了"文化使者""友谊使者"和"爱的传播者",堪称"一带一路"的早行人!

她说,在深圳八年,如抗战那么漫长。我的八年抗战也是完胜,既有我个人的执着,更有国际友人的鼎力相助!特别要感谢我的先生,南漂深圳时,不断有人质疑"离婚了"……事实上,我的主要作品,西林都是艺术总监或指挥。当然我并不是一个贤妻良母型的女性,当两个双胞胎小孙儿从德国回来探亲,我又高兴又惭愧,因为我并不是个称职的奶奶……

近日与彩文夫妇小聚。西林告一秘闻:那天我正睡午觉,她匆匆跑来——家里发生了三次爆炸,你咋睡得着?——什么,哪里发生了爆炸?——就在家里。

原来她煮了三个鸡蛋,忘了关火,水烧干了,鸡蛋焦了,一个个炸了!她惊风火扯地说,家里发生三次爆炸……

我问,她与你相处几十年,居然没有把你逼疯?

他说,也快了!

彩文说,你咋不说我给你带来多少快乐与惊喜!

西林说,惊喜?惊吓、惊恐差不多!

这就是他俩的生活:风趣、幽默、随兴、活泼……

一个灵魂的舞者:生活上粗枝大叶,艺术上精益求精;淡泊名利,追求卓越;爱家庭,亦爱自己的事业;改革开放的弄潮儿,却毫无经济头脑,实为君子爱财,取之有道!

彩文的文化自信、仁爱之心修炼出的教学、创意、教案、舞美和与各国公关交流的经验、成果,是一种稀缺资源,是一座金矿!

它不仅属于个人,更属于社会,属于国家,属于新时代的共识共享与共誉!

认真梳理、提升和传播罗氏少儿舞蹈艺术教育法,使之学术化、理论化和规范化，具有前瞻性、引领性。

功在当代，泽及后世！

此书有许多感人的细节，尤其是她带那么多独生子女、掌上明珠远行异国他乡，若无缜密组织与爱心，其功德难以圆满。

只有"马大哈"才敢挑这副担子。

真是艺高人胆大！

彩文意味深长地说：

邮差，什么是邮差？传书递简，陈情达意！

父亲是昨日邮差，我是今天的信使，向人间传送真情，向世界奉献大爱……

谨以此书，献给我的先生李西林教授、儿子歌扬及家人暨所有至爱亲朋！

特别要手捧它，敬献和告慰我远行的父母，天堂里没有仇恨、压迫，只有彩色的爱！

笔者以家乡大文豪苏轼《望江南》收尾，以卸下重托与重荷：

休对故人思故国，且将新火试新茶。诗酒趁年华。

二〇一九年元月二十二日匆笔

---

舒淳，舒德淳之笔名；缘于马识途题赠杜甫《五盘》诗：喜见淳朴俗，坦然心神舒。

首届中国企业策划十大专家之一、中国策划专家委员会副秘书长、《人民日报》海外版特聘研究员、国家一级作家。

故宫青铜文保艺术专家、茅台集团品牌文化专家。

彩色的爱 ▶▶▶　▶ 目录

童年记忆　/ 001

跌宕的命运　/ 005

大深山里的往事　/ 010

回到歌舞团　/ 014

白马关的爱情　/ 020

崭露头角　/ 024

上苍打开了一扇窗　/ 032

精彩亮相　/ 037

指挥家从这里诞生　/ 041

第一次参加全国儿童舞蹈研讨会　/ 044

芭蕾舞团儿童舞蹈编导培训班　/ 047

云南第二届全国儿童舞蹈研讨会　/ 051

我的恩师周诗蓉　/ 055

创作需要爱和激情　/ 061

《彩色的爱》誉满京城　/ 068

马不停蹄　/ 080

借调深圳　/ 084

一举通过艺术审查　/ 090

贝宁之行　/ 094

驶往多哥　/ 107

奔赴法兰西　/ 117

陷入低谷　/ 127

罗马尼亚金孔雀艺术节　/ 130

以色列、约旦之行　/ 139

东欧再创辉煌　/ 149

从艺术之城到音乐之都　／170

你们培养的孩子，了不起！　／188

重回成都，出访土耳其　／195

从"新苗杯"到港澳表彰会　／211

中德青少年艺术节　／216

隆重的校庆　／226

庐山脚下的江西会议　／233

中美儿童文化年　／236

教育就是播种爱　／245

不是尾声的尾声　／256

附录一　部分获奖证书　／261

附录二　舞蹈剧照　／275

附录三　部分报道及评论　／285

附录四　来自孩子们的几封信　／317

# 童年记忆

我出生在一个所谓的"旧官吏"家庭,这是后来填家庭成分时,被告之的,只不过因为我父亲罗瑞徽曾是一名小县城邮政局的科长,是负责邮检工作的。虽是一例行公务,后却被定罪为"历史反革命"。一九五二年,我还很小,依稀记得那天我妈妈病在床上,一帮人冲进我家,把稍微贵重点的东西全搬走了,家里一下就空空荡荡的。

我妈叫吴璘书,得的是肺结核,本就无钱治病,经这一打击,病情加重,不断咳嗽吐血,我吓坏了,蜷缩在床角落瑟瑟发抖。爸爸当时不知被抓到哪去了,过了两天,我妈妈死了。爸爸被放回来张罗后事,只见人出人进地把我妈抬走了。那时,我还不知死是什么含义,又怕,又不知所措。懵懵懂懂只觉得是妈妈走了,再也见不着了,可是又想是否只是睡着了,有一天还会回来。所以当邻居的小孩指着我大声说:"她妈妈死了……"我强硬地反驳:"乱说,我妈睡着了。"

之后我再没妈妈,爸爸经常不在,也许是被叫去交代问题。

我们刚搬到那个叫小西街的地方居住,跟邻居不熟,那些邻里大人也不知是吓我还是逗我,说:"你们家死了人,屋里有鬼。"吓得我经常流落街头或游荡在家门外,不敢进屋。那时我五岁,孤苦伶仃,脸上挂满了泪珠,在街头徘徊。在困饿之极,在漫长的期盼父亲回来的时间里,竟坐在街边睡着了。醒来时,不知什么时候,已被父亲抱回到床上,我紧紧抱住爸爸,生怕他把我丢弃。我在这种孤独、害怕、饥饿、无助的煎熬中度日如年。

一天,我吃了不干净的东西,得了急性肠胃炎,又吐又拉,发着高烧,躺在床上,几天几夜无人问津。本来就瘦弱的我,被疾病折磨得昏迷了过去。不知何时,父亲回家发现了奄奄一息的我,送到医院抢救的时候我已经严重脱水了,生命危在旦夕。我迷糊中隐约听见,父亲"嘡"的一声跪在医生面前,哭着哀求道:"求求你们,一定要救救我女儿,她妈死得早,这孩子太可怜了,求你们一定要救活她。"他不断给医生磕头作揖。医生动了恻隐之心,竭尽全力,终于挽救了一条还本不该赴黄泉的小命。

"世上只有妈妈好,没妈的孩子像根草",我这棵小草,在坚硬的泥土里,在恶劣的环境中,顽强地成长,熬到了进初中的阶段。那时,学生住校,我是班上最小的同学,大同学们看到我可怜巴巴的样子,很关心我这个聪明伶俐的小同学,老师也格外喜欢我这个乖巧逗人怜爱的小女生。

那时,通信不发达,他们不知我的父亲常常被传唤或羁押,是"历史反革命",给予了我极大的关爱和呵护。我学习好,反应快,每每考试总是第一个交卷,且成绩也总是名列前茅。渐渐地,师院附中从校长到教导主任,从各科老师到班主任都特别喜欢我。很快,我成了学校的小名人。当时,南充市有重大庆典活动要在全市选小朋友上主席台给市长等领导献花,每次总是选上我。我一边沉浸在被学校里浓浓的宠爱和关怀中,一边又常常陷入无家可归和父亲被押走的惶惑或恐惧里,在这种极端矛盾的生活状态下,终于碰到了一个机遇。上帝给你关上了一扇门,又给你打开了一扇窗。

一天，我正在操场上做广播操。只见在王校长的带领下，操场边上有两男两女，身材高挑，模样俊美，穿着深蓝色长棉大衣，颇有风度，他们在操场上搜寻。我不知他们是什么人，认真地做着课间操。这时，王校长走到我面前说："你不做了，到教导处办公室来一下。"我不知所措地跟着校长和主任到了办公室，见里面还有一男生怯生生地站在那里。随后，那四个人走到了我面前，自我介绍说："我们是四川省歌舞团来南充招生的，你的条件不错，手长腿长的，样子也乖，很适合跳舞，我们想再看看你的腰腿条件。"因为我喜欢跳舞，这之前常常被挑去参加学校的一些表演。虽都是简单不过的小舞蹈，可我却跳得非常出色，常常受到老师和同学的夸奖，但站在这些专业歌舞团老师面前，我一下紧张起来，他们说的专业术语，我从来没听过，一点都不懂。只有顺从地按他们的要求，机械地配合着做动作。他们给我掰腿，又让我下腰、开胯，最后问："你喜欢跳舞吗，愿意到我们四川省歌舞团来吗？"我茫然地点点头，全然不知这将决定着自己以后的命运。"那好，你回去跟你的家长说一下，等待我们的正式通知。"

家长？我的家长在哪？母亲早死了，连葬在哪都不知道。至今每年清明节，人人都在扫墓祭奠自己的亲人，我却连个烧香的地方都找不到。只有悄悄在无人的地方，点上一炷香，黯然神伤地寄托我的哀思和悼念。那时，父亲常常不知所踪，我的家也被封了。父亲把我寄放在叫罗清华的姑姑家。好在，我大姐在父亲被抓前，参加了部队文工团，偶尔将她的生活补贴寄一点给姑姑，以支撑或帮补我的生活费和学费。我二姐原本生活在乡下老家，因为亲戚们都被划成了地主，没收了一切，她无路可走，本想投奔城里的父亲，结果也没有了着落。我们只有相依为命，寄人篱下地生活在姑姑家。姑父是一个善良的小商贩，他们育有一个留着一对大辫子的美丽表姐，只有一间半屋，有一半住的是一个瞎了眼的邻居婆婆，我和二姐常常蜷缩在那个瞎婆婆的床角或姑父的脚下。

我们常常背着书包，步履沉重地走向那个小巷深处——不是家的家。

记得有一次，好久没见父亲回来，我心里十分不安，非常渴望摆脱这个窘迫的处境，心想能有一双翅膀载我远走高飞离开这个城市，离开这个"家"，该有多好。终于，这机遇来了，虽然还这么遥远、迷离，像天边的彩虹，转瞬即逝，但我必须搏尽全力，牢牢抓住。

# 跌宕的命运

不知是天赋出众还是上天恩赐，我被四川省舞蹈学校和四川省戏剧学校同时录取。省剧校老师抢先一步接走了我，我在红照壁的戏校开始了崭新的生活，上台词课、表演课、形体课以及文化课。我对舞蹈课还是情有独钟，特别热爱融入了舞蹈的形体课。由于自身柔韧度好，协调性好，反应快，教形体的王吉华老师特别喜欢我，指定我为班上的形体课科代表。我在形体课上找到了自我，成绩总是最高分，五分。一次，中国戏剧界的鼻祖田汉先生到学校视察指导工作，王老师还特意选我和几个形体好的高年级同学一齐给田老汇报。在老师的悉心指导下，我们开始懂得了表演的要素，以及怎样处理台词，怎样观察生活，怎样构建小品，怎样进入角色，怎样完成作品。

在我们的学习过程中，在毫无准备的情况下，伴随着我们成长的困难时期突然降临。我们正值青春发育期，没有足够的粮食，大家吃红薯叶，没有蔬菜，吃酱油拌饭、炒盐拌饭。食堂的地上铺满撒了盐准备做腌菜的烂菜叶，一股股霉臭味扑鼻而来。我当时未满十五岁，也跟大哥哥、大姐姐们一起去成都郊外的红光公社或金牛坝拉板车运肥或拉烂菜叶，还抢着去拉"飞蛾"（拉边上的绳子）。瘦小的肩膀背着装满烂菜的背篓往返几十里，干着沉重的农活，挖地、施肥……饥肠辘辘，还得装作有艺术范儿的样子。即便这样，大家依然钟情于热爱的艺术。一大早，练身的、吊嗓的、背台词的、读绕口令的、压腿的、下腰的、练小品的，心里不屈不挠地揣着对艺术的向往和梦想。

课余时间，我们常常溜进剧院，在剧场里看前辈们的表演。我们这群从四面八方选来的艺术苗子，刚刚被中央戏剧学院毕业的风华正茂的优秀才俊陈尚明老师、彭光华老师、杨茹诚老师、潘一心老师等和剧院的表演艺术家们，领进神圣的艺术殿堂，正如饥似渴地吸吮着艺术的营养，还没来得及施展才华，就被残酷地宣布：由于时处困难时期，戏剧学校等艺术院校停办了。

有如五雷轰顶，这群百里挑一的艺术苗子一下没了去路，大家陷入了极度的失落和惶恐中。何去何从？原来的中学回不去了，省一级的文艺团体也被封门，好不容易看到的希望被活生生地掐灭了。我们这帮学生又一次徘徊在人生的十字路口。阵阵绞痛，阵阵唏嘘，堵塞在胸口。

当时，听说戏剧学校解散，很多基层文艺团体前来要人，毕竟这些学生都是层层筛选过的，又受过剧校严格的专业教育。

武汉空军政治部文工团也千里迢迢派人来了，因为该留剧院的高年级同学名额已定，剩下的就是我们这些低年级的、皮都还没长伸、学习时间又相对短的人。空政的马助理选上了我，看得出他特别喜欢我。那几天走哪儿都带着我，还问我喜不喜欢当兵，告诉我武汉空政文工团多么多么好，非常欢迎剧校培养过的新生力量。

一天晚上，我们被选上的几个人，一起坐在四川剧场临街的大平台的台阶上，望着天上神秘闪烁的星星，看着眼前车水马龙，听马助理、唐助理介绍着武汉的情景："武汉比这儿大多了，更漂亮，空政的剧场也比这儿更好。"听着他俩口若悬河的介绍，大家沉浸在对未来美好前途的憧憬中。马助理再一次回头问我："你家里同意吗，你想去吗？"还用问？我早已心驰神往了，我坚定地回答说："让我去也要去，不让我去也要去！"马助理回答我说："明后天就体检，然后坐飞机跟我们一起飞。"

过了两天，马助理突然在我面前消失了，我再也没见着他。同学闪烁其词地告诉我："我们已经接到通知了，后天飞武汉。"我惊愕得半天说不出话，马助理，你在哪？为什么不见了？同学们见我完全蒙在鼓里，告诉我说："你一点不知道呀？你政审没通过，出身不好，父亲又是'历史反革命'。马助理他们请示了上级，回答是不能招收。马助理他们很喜欢你，但是也很无奈，部队是特别讲究出身的，你条件再好也不能要。马助理还为你求情，希望能网开一面，然而，回答是肯定不行，军令如山。他们也不想用这残酷的现实来击碎一个无辜的未成年的孩子当兵的梦想，所以回避了。"

我脑袋轰的一下蒙了，他们马上就要走，我一人被抛下了。我不相信，我要去找马助理，他曾经斩钉截铁地说要我跟他走，现在，这么狠心地变卦了。那时候我根本不懂政治，我只想抱着马助理的腿，求他带我

刚到绵阳地区歌舞团，对未来充满期待。

走，去部队文工团，去当兵……

这次重创和打击，使我在剧校根本抬不起头，我下决心要离开，马上离开。

此时绵阳地区歌舞团到剧校要人，有同学给我透露了这一信息。我通过了面试，立即收拾好行装，跟他们走人。既然是这样，我下决心永远不会回来了。

绵阳地区歌舞团的前身是江油县文工团，虽是一个县级班子，但藏龙卧虎，有一些很好的演员。他们经常演出，积累了很多舞台经验。那里比我想象的好得多，尤其是话剧队。我们一共去了七个同学，一到团里报到，我就被拉去跳舞了，因舞蹈队缺人，我的个子、身材跟他们很般配。本来，我从小就喜欢舞蹈，也算如愿以偿。

我表演的第一个舞蹈就是省歌舞团大编导冷茂虹老师创作的藏族集体舞《康巴的春天》。这个舞蹈很优美抒情，风格浓郁，很唯美，没有太多的技巧，我一下就爱上了它。我本来像打了霜的茄子成天蔫蔫的，此时低沉的情绪一下给调动了起来，变得兴奋、高昂。我全力以赴投入排练，在排练过程中，就有很多老演员给我打气："不错，手长腿长的，很有范儿。"

上台演出那天，老演员们帮我梳头的梳头，化装的化装。我穿着康巴的服装和靴子，天呀，简直变了一个人，活脱脱一个漂亮的藏族姑娘。这是我第一次上台，虽然心里有些紧张，但更多的是兴奋、自信和跃跃欲试。随着音乐的起伏变化，我陶醉在迷人的音乐里，进入音乐营造的意境中，舞动翩翩。

因为在剧校学习过表演，我很快就进入舞蹈的规定情景中。无论是抒情部分还是激越的踢踏部分，我都挥洒自如，俨然一副久经沙场的模样。曲终，舞蹈结束。在观众的热烈掌声中，大家捧起哈达，完美收官，谢幕。

一冲进后台，在侧幕边上观看的团友们纷纷上前，向我热烈祝贺："跳得太好了，一点看不出是初次上台的新手！表现力太强了，好美哟！身材太好了。"我被夸奖得有点飘飘然了，心想，我可是学过表演的，懂得什么是体验和体现。在鼓励中，我重新拾起了自信，心里暗下决心，即使在基层，条件再艰苦、再累，也要干出点名堂来。

## 大深山里的往事

一年以后，江油县文工团升格为绵阳地区歌舞团，直接接受地委宣传部领导。那时，宣传部派来的工作人员是个年轻的作家，朝气蓬勃、干劲十足，他受命带领全团先到平武县建兴山上去劳动锻炼三个月。我第一次带着全部行囊，包括演出服、练功鞋等，坐着大车，颠簸了一整天，来到了建兴山脚下。抬头一望，那山峰像一把利刃直插云霄，周围群山重叠，云绕雾障，第一次看见那么高的山，着实吓了一跳。

第二天一早，我们背着行李，还没有爬几步，就两腿发颤，直喘粗气，身体都快趴到地上了。背包越来越沉，我一下摔倒在地上，再也爬不起来，心里诅咒着，为什么让我们到这个鬼地方？同行的团员把我拉起来说，快走，越停越走不动，后面已经没有人了。我一阵害怕，汗流浃背地挣扎着爬起来，跟着他们奋力往上爬。

路滑的地方，我伸手抓住旁边的荆棘助力，哪怕双手被割破流着血也在所不惜，因为掉到后面就真没人管我了，荒山遍野杳无人迹。爬了一整天，天快黑了，又饿又累又渴，只听见一些虫叫鸟鸣以及远处传来的不知名的野兽的隐约吼叫声。恐惧侵蚀了我的全身，眼泪不由自主地"唰唰"

往下流。下坡的时候，双腿发软，只能坐在地上往下梭。终于，到了建兴大队部。

所谓的大队部，就是大队长的家，有几间堆农具和玉米的房子，中间大一点的堂屋就是我们开会的地方。我们被分配到周围农民的家里，我和另一位年龄较小的分在离大队部较近的一家。房子的一边只有一张篾笆当墙，听说晚上还有熊、狼等野兽出没，我们挤在一张小床上，紧紧贴在一起，互相壮胆，暂时减轻了恐惧。

次日在工作组长的动员后，我们就跟着各家的主人开始了在建兴山上的劳动锻炼。队长给我们分配的任务是给玉米施干粪。他们把一挑挑干粪挑到山坡上，然后有人挖坑，有人点玉米。我们就用簸箕将干粪装上，端到玉米坑前，用手抓一把撒进坑里去，那是人粪、猪粪、牛粪、草灰混合着的干肥料，手就是唯一的劳动工具。这边山坡跟那边山坡近在咫尺，喊话都能听见，但要见面得爬上一两天，可想而知山是多么陡峭。

月光的清辉还洒在大地上，我们就出工，收工时皎洁的月亮已悬挂在夜空。上午，一边干活一边盼着中午坐在田坎上休息。下午，一边干活一边盼着晚上收工。有时，端簸箕久了，双手指头都伸不开。不断弯腰撒肥，腰也直不起来了。可山里的农民却乐呵呵地边干活边开玩笑，有点粗鄙但却很淳朴、友善。他们对我们很关照，重活都是他们干，把最轻的留给我们，还手把手地教我们各种农活。他们身强力壮，挑起肥料、种子爬坡上坎，健步如飞。

我心里由衷地佩服他们。他们那种吃苦耐劳、乐观朴实的精神，潜移默化地影响着我们。晚上回到家里，我们累得什么也不想洗，赶紧躺下休息。他们却抓紧时间喂孩子，喂猪，喂鸡，烧火煮饭。把玉米面加上水，在锅里边搅边煮，一股股香味扑鼻而来，这就是他们赖以生存的主食，叫"搅团"。我特别爱吃这种"搅团"，没有任何咸菜，也没有放盐，但散发出玉米淡淡的香甜，非常可口。

到绵阳地区歌舞团后,在农场的果园劳动锻炼。

偶尔,他们也拿出自己腌制的挂在炉灶上面烟熏的腊肉,犒劳我们。看见那一块块色香味美、带着烟熏味的腊肉,我直咽口水。那腊肉让我至今都感觉比天底下任何美味佳肴都好吃。我们每周都要回大队部总结一天,半天学习,半天练功。哇,大家见面都嘲笑对方:长胖了,腰粗了,腿也硬了。

大家围在猪圈栏杆上压腿,腿都放不上去了。因为每天爬山的缘故,肌肉结实不少,但也僵硬了。

三个月,终于熬过去了。一天,接到通知,要我们回绵阳。出发时乡亲们都来送行,帮着挑行李,拿东西。我平时天天扳着指头算回城的时间，这时却怎么也高兴不起来。马上要离开建兴深山里的农民老乡，心里涌起了依依不舍的情感，这一走，肯定再也不可能回去了。他们的朴实、勤劳、善良，他们的各种美德，他们的简单生活以及音容笑貌让我眷恋。眼泪偷偷地流了下来。

我住的那家主人叫罗永秀，跟我同姓，她牵着我的手送了一程又一程，直到我们下到山下。猛回头，看见各家的主人还站在山坡上给我们频频挥手。

## 回到歌舞团

回到团里，还未开展业务活动，如火如荼的"四清"运动在全国铺展开来。新来的工作组在动员大会上，振振有词地讲运动的意义。我第一次听见那些政治语言，一头雾水。我当时只有十六七岁，吓得不得了。由于出身的原因，不知自己是不是阶级敌人，人人自危。

每天工作组都要大家写揭发材料、发言批判，有一个积极分子小组团结在工作组的周围，组成了"四清"的核心力量。一天，工作组罗副组长（他是公安局副局长）开会说，我们团里几年前有一条命案，一位漂亮的舞蹈演员被杀，作案证据他们已经掌握在手，就等凶手自己坦白交代了。大家面面相觑，是谁呢？肯定是男的，谁都像又都不像，大家巴不得赶紧把凶手抓起来，绳之以法。

我们刚到团里就听说过这个事。一九六二年，团里去江油水泥厂给要撤走的苏联专家送行演出。演出完了，一个叫刘良惠的十七岁少女，长得如花似玉，丰满又漂亮，她与几位同伴上厕所，前面几位女伴说着话就忘了等她，边说边回了宿舍。到了深夜，还未见她回来，大家感觉不对。在领导的带领下，所有人分成几组，赶紧四处寻觅，整个水泥厂周围找了个遍，一个铁路扳道员提了个马灯走来说："你们是不是在找一个女孩？"他指着身后，"你们到前面看看，那里死了个女孩子，躺在铁轨上。"大家飞奔过去，刹那间都惊呆了。刘良惠赤裸着大半个身体，躺在铁轨边，显然是扳道员把她拖下去的，否则火车急驰而来，会酿成巨大车祸。最后法医的结论是"遭人强奸，被杀死后拖到铁轨上制造假象，让人误以为是被火车轧死的"。

一到团里，老演员就以这个事警示我们，出去演出后，特别是晚上，一定要集体行动，千万不要独来独往。现在重提这事，证据又在手，大家义愤填膺，恨不得马上把凶手抓出来判以死刑，好为刘良惠报仇。

经过几天的大轰大雷，这事又烟消云散了，后来干脆不提了，不了了之。

随着运动的深入，我们戏校同学苏永祚也被作为"现行反革命"抓了出来。他长了一副八字眉，平常见人总笑呵呵的，是个挺爽气的重庆小伙，待人大方，也乐于助人。我们是一块从戏校分来的。工作组说他是叛国集团的骨干，这在绵阳是很震动的一件事。歌舞团抓出来一个投敌叛国团伙，且成员个个都很年轻，却长了一副反骨，常常偷听敌台。什么是敌台我都不懂，后来才知道是偷听"美国之音"。可他们交代，只是偶尔按错了收音机的按钮，听到了外国音乐。

从感情上我同情我的同学，因为比较了解他，觉得他肯定不是反革命，但工作组仿佛就是正义和革命的化身，我们只能被动地、茫然不知所措地跟着工作组的指挥棒走，参加各种批判会、调研会，还得熬夜写批判稿，且大部分都是从报纸上抄来的。"四清"还未结束，"文化大革命"又席卷而来，我们再一次卷入政治斗争的激流旋涡中。

有造反派开始把地委专署的老干部，如地委书记、专员等戴上高帽子，挂着黑牌，押解着上街游行示众。我们"四清"工作组的领导作家克非也被作为黑线人物、"走资派"的红人揪了出来。我彻底地蒙了，我想大部分人也蒙了，克非从来都教导我们要听党的话，好好革命，靠近组织，争取进步，不断改造自己，怎么又是敌人了呢？我不敢往下想，也想不明白。

一天，我在迷茫、惶惑中一边看大字报一边在街上走，突然看见前面的克非。他曾被看好是一个很有作为很有前途的青年作家，被派到歌舞团时风华正茂、才华横溢，还出了很多文学作品，我们都很崇拜他。这时也被满街的大字报重点点名批判。他和夫人舒平老师走在前面，专注看着针对他的大字报，并在本子上记录着什么。我情不自禁地追了上去，想问问克非，这一切到底是怎么回事？这世界到底怎么了？可是就在走近的那一刻，我不由自主地放慢了脚步，只是偷偷地跟在他们身后，终于没有勇气开口。

"文化大革命"势如破竹地开展，我也开始加入游行队伍，一边行进，一边振臂高呼"誓死捍卫毛主席，誓死捍卫党中央"的口号。有时听见别人嗓子都喊哑了，我也主动走出队伍，激动万分，声嘶力竭地领呼各种革命口号，直到嗓子全哑，筋疲力尽，还对自己的表现和勇气沾沾自喜。

歌舞团的人为了表示自己不是站在"封、资、修"的黑线上，比其他队伍更积极，把演出用的锣鼓拿来敲得震天动地。

我由于被打上了出身的烙印，常常有自卑感在心里涌起，再积极也先天不足。别人对你总是另眼相看，再真诚别人也说你是假装的。当时真是愚昧到了极点，进退两难。所以，我恨死了自己的出身。

由于幼稚、天真、无知，我终于鼓起勇气，给我的父亲写了一封绝交信。其中说："你是人民的敌人，双手沾满了人民的鲜血，你要老实交代问题。从今天起，我坚决听党的话，跟你划清界限，你再也不是我的父亲……"信寄走后，我长长地舒了一口气，终于觉得自己向革命队伍又靠近了一步，在以实际行动证明自己。我把珍藏的妈妈的照片从箱子里翻出来撕得粉碎，扔进垃圾堆里，以示与死去的资产阶级母亲感情上彻底决裂。

我们团里抓出一个年轻的"反革命"——唐绍云，他是"文化大革命"前分来不久的美院高才生。他专业好，博学多才。我们爱听他讲一些见闻或者艺术方面的知识。一进团，组织上就让他担任团支部书记。他的罪名是写反动日记，他的日记被抄了出来，堆了一大堆，说里面全是反动透顶的内容，然后开始没日没夜地批斗。我觉得他平常讲的都挺正确，积极向上，怎么也没法把"现行反革命"与他联系起来，百思不得其解。

一天，抓出的"反革命"被押到汽车上全城游街示众。他们的脖子上分别挂着一个牌子，写有"××反革命"。我远远就看见车队开了过来，街道两边站满了围观的群众。汽车两边则是戴着红袖套的"革命者"，手举红旗，押着车一面行进一面高呼革命口号。

我挤在人群里看见克非也被五花大绑押在车上，他非常镇定地站着，毫无惧色。我不敢看下去，赶紧躲进一家店铺。

车上押着的好些都是熟悉的人，如文化局的干部、党校的老师、医院的医生等。我心里百般不解，昨天还是好人，今天就是敌人，今天的好人明天又是敌人，这样周而复始，要到何时？当天游街完后就把这些人投进了监狱。

时间在流逝，一天，歌舞团秘密传来小道消息说，"二月镇反"是错误的，可能要否定。如果真是这样，抓进监狱的人不就是被冤枉的吗？

我赶紧飞跑到克非家找到他夫人舒平老师。舒平老师在克非被抓进去后茶饭不思，加之她一个人要抚养三个年幼的孩子，孩子们常问："爸爸到哪去了？"舒平老师心里承受着极大的压力，几个月下来人瘦了一大圈。她听见这消息，赶紧拉着我的手问："这是真的吗？"她的手在发抖。我点了点头："肯定是真的。"她说："我们要争取把这消息赶紧告诉监狱里的人。"我们俩商量了半天，终于想出一个办法，下午就找借口给监狱里的克非送衣服。监狱门口要严格检查，我们像小说《红岩》里一样把写有"黑暗即将过去，曙光就在前头"的小纸条塞进挖了一个小洞的肥皂里，再把肥皂口封好抹平，待干了，一点看不出异样。舒平老师问我："跟我一起去，你怕不怕？"我坚定地说："不怕！因为我深信克非老师不是阶级敌人。"

下午我随舒平老师渡过涪江，翻山越岭到了乡下，远远就看见监狱高耸的墙上布满了铁丝网，碉堡里的狱警荷枪实弹在那里站岗。我那时年轻，又未见过监狱，嘴上说不怕，腿下已经在瑟瑟发抖，还未走近就听见狱警厉声喝问："干什么的？""送衣服的。""哪个监舍？什么名字？"舒平老师回答后把小包袱递过去。填写了表格后，他们翻来覆去检查东西，最后终于收下了。我们飞也似的跑下山，生怕他们发现机密，追上来抓我们。直到确信安全后，我跟舒平老师才长长吁了一口气，暗自庆幸他们未发现破绽。我既紧张又兴奋，感觉像是电影里在做地下工作一样。

过了几天，这些"反革命"果真被释放了，"二月镇反"彻底被否定。

我在心里对运动彻底失去了兴趣，"躲进小楼成一统，管他冬夏与春秋"。

恰逢我姐夫从西藏回来，他是学历史的，在拉萨博物馆工作，他对我说："政治是最黑暗的，你们童心可爱，不要去上当受骗，不要去参与。"我当时很幼稚，觉得他好反动，要不是我姐夫，我就去揭发他了。

一天，一位爱好文学的好朋友偷偷给我推荐了好些文学书籍，都是世界名著。当我手捧《牛虻》《这里的黎明静悄悄》《静静的顿河》《斯巴达克斯》《红与黑》《茶花女》《简·爱》《高老头》《呼啸山庄》《复活》《贵族之家》《红字》等名著时，我确实有一种灵魂出窍、茅塞顿开，进入另一个世界的感觉。原来文学有那么大的力量，把我从眼前的派性斗争中给拉了出去。我爱不释手、孜孜不倦、废寝忘食地读，当然是偷偷地关着门，还要躲在蚊帐里挑灯夜读。本来只有八瓦的灯光已经很昏暗，在蚊帐里或被窝里更甚，眼睛就是在那时搞坏的。

我读了一本又一本文学作品，徜徉在浩瀚的世界名著海洋里，已经到了忘我的境地。我偷偷地费尽心机到处借阅，囫囵吞枣地咽下去再慢慢回味、消化。有的虽不求甚解，但总在心里潜移默化，这对我以后的舞蹈创作影响很大。

我独自在文学的世界里遨游，在托尔斯泰、巴尔扎克、司汤达、莫泊桑、大仲马、乔万尼奥里的巨著里流连忘返，常常是食堂都关门了，天已漆黑一片，我才想起没有吃饭，饥肠辘辘跑到街上买一个锅盔或馒头，就着凉水狼吞虎咽下去。

## 白马关的爱情

工宣队来了,工人阶级领导一切,歌舞团也进驻了工宣队。记得他们是汽车38队的工人。在工宣队和新来书记的带领下,我们又一次背着行囊去乡下,到罗江县的白马关"五七"干校劳动锻炼,并逐渐恢复了一些基本功训练。

我们住在白马关的庞统庙里,庙宇早就破败不堪,又阴暗又潮湿,一间间没有门的厢房里,放了一张张高低床。

有一天中午,吃完饭午休时,我躺在上铺正捧着《红楼梦》读,在我床上方的横梁上,好像有东西在蠕动。我正想坐起来看看究竟,突然,一条酒杯粗的蛇上半段掉了下来,还一甩一甩地摇晃着,吓得我尖叫一声,一个跟头从上铺摔了下来,也顾不上疼痛,连滚带爬地跑出去,尖叫着:"蛇,蛇……"

女同胞都被吓坏了,全跑出去,站在庙子中央,有的抱成一团,我更是瑟瑟发抖。男同胞拿着棍棒,一副英雄救美的样子,蛇早就无影无踪了。这一来,谁也不敢进屋睡觉。工宣队的人和男同胞陪着大家进了屋,拿着棍棒到处打打敲敲,确定没蛇了,大家才哆哆嗦嗦回来,有他们壮胆，我赶紧抱起被子搬到另一屋的下铺空床上。惊魂未定，那边，男同胞又闹起来了。乐队独奏演员张万全刚回到房间躺下身去，觉得脖子下冰凉冰凉的，用手一摸，一条大蛇盘在他的枕头下面，吓得他纵身跳出门外，一身冷汗。这下，大家纷纷逃出房屋，不知咋办。

当然，也有胆大的不信邪，拿着扁担，一床一床地把被子掀开，把枕头挑开，床头、床下、床尾、床脚翻了个遍。渐渐地，天色已晚，大家都没了睡意，挤在一起。古老的庙子朦胧鬼魅，月光诡秘地洒在庙子里，树影婆娑，异常狰狞，让人胆寒。突然一阵恐惧袭来，大家一边往中间挤，一边往后看，背脊发凉，惊恐万状。

这时乐队的打击乐手，外号"张爆花"的，看大家吓成这样，开始讲起故事来缓解大家的紧张情绪。他说："这么小的蛇怕啥？在梓潼七曲山大庙，由于是三国时修的古刹，从古代到现在香火都很旺，并且很灵。那里古柏参天，云烟缭绕，茶马古道穿梭其间，是四川通过剑门关出蜀的必经之道。有一天，一个小和尚正在庙里盘腿念经，突然小和尚慢慢向空中升起，瞬间又被重重地摔了下来。小和尚正襟危坐，随后又慢慢向空中升起，瞬间又被摔了下来。庙里的老和尚们都大惊失色跑来观望究竟，结果是房梁上一巨大蟒蛇在作祟。它张大嘴巴一吸气就把小和尚吸了起来，再一吐气小和尚就摔了下来，差一点就给吞进去了，众和尚跪成一片，念经叩拜才把蟒蛇送走，并烧高香求菩萨保佑一众平安。"

大家鸦雀无声、面面相觑，终于工宣队长发话："没事啦，没事啦，大家睡觉吧，明天还要出早工呢。"

终于熬到返城的时候，大家一早打起铺盖卷狂也似的奔向下山的小路，心想这辈子再也不来这鬼地方了。

在白马关，我跟李西林正在耍朋友。那阵的人都很老实，我们从未说过"我爱你"的话，更没什么情意缠绵、海誓山盟。他是从川音附中分配来的，我从省戏剧学校分来，大家都是从成都来的学生；他的父亲被打成了走资派，我又是"历史反革命"后代，都是"狗崽子"。物以类聚，人以群分，于是大家有时就凑在一起讲讲话，当然也有彼此命运相同的同情。

他比较幽默、风趣，讲起故事来绘声绘色，生动有趣，又善于模仿，惟妙惟肖，好笑又好听，让我压抑的心情得以释放，所以接触就多了起来。有一天，拉小提琴的董蓉蓉问我："你们在耍朋友？"我惊讶地张大了嘴巴："没有啊。""别人都说你们在耍朋友，要了就要了，不然别人又要给你算一个。""那不是别人给我算几个了？""肯定嘛，七二三七（部队）的李教员，你们同学苏××，还有军宣队的×××……"我真是有口难辩。其实一个也没有。这其中确实有人喜欢我，可我压根儿没同意，部队的我肯定配不上，因为出身不好，政审就不合格。其他的我也没喜欢过，而且我总在心里暗暗下决心，以后我一定要远走高飞，离开这个地方。我只好说："你们说好就好呗，随便你们怎样……"没想到这一说语出惊人，她把话传出去，全团都说我们在好了。可能李西林初到团里也很单纯，在舆论的压力下，他也默认了。舆论撮合了我们。

对这事，团里一片哗然。有赞同的，有反对的。因为他刚来，穷学生一个，什么底子都没有，我毕竟先来两年，在很多节目中已崭露头角，是团里业务上的佼佼者，所以反对的、不看好的居多。按传统观念，男的怎么也得比女的强。加上他个头不高，感觉比我还矮，所以我的朋友们都纷纷反对。那时不像现在谈对象先看各种条件，经济上的、物质上的、社会地位、学历、出身、家庭背景，等等。那时没有任何标准，"好"意味着什么也是说不清的。后来他当了川音副院长，成了著名指挥家，当初反对我们的人又说："你真有远见，有眼光，搞到个绩优股，全团就你找得最好。"

我那时顶着巨大的压力，人往往有逆反心理，你这样说，我偏要那样干。我相信自己的直觉。在那时的政治气候下，总感到精神压抑，而跟他在一起就很轻松、开心。他讲的笑话让人捧腹，这也就是当时下决心跟他好的动力之一。

没有仪式，我们请大家吃了几颗糖，就算结婚了。

我们终于结婚了，但没有举行婚礼，更没有什么婚纱照，仅有的是他爸妈给的几十块钱，买了几斤糖，买了一些被褥之类的生活用品然后给大家通报一声。衣柜就是几个纸箱重在一起盖上好看的花布，一张单人床拼块板子加在里面，一个双人课桌，两个凳子就是全部家当。唯一有看点的就是朋友李伟雄从上海出差回来送的一束绚丽的塑料花，那时大家都没见过塑料花，觉得好美好美，都赞叹不已。有的还摸了又摸，拿鼻子闻了又闻看是否有香气，真是能以假乱真。课桌上摆满了大家送的礼物，一大堆毛主席著作、语录、纪念章，堆得像小山似的。我们一时发了愁，这一堆宝贵礼物怎么收藏呢？万一没放好就会犯大忌。

陆陆续续地，又有好几对年轻人结婚了，当然礼物、纪念品仍然是毛主席语录、毛选、政治著作。有一乐队朋友，家是农村的，比我们更贫寒，买了两斤珍珠糖，盘子上放一双塑料筷子，一来人就热情洋溢地端着盘子请吃糖。本来珍珠糖就小，圆溜溜的，塑料筷子又打滑，怎么都夹不起来，想吃一粒放进嘴里难上加难，大家都哈哈大笑起来，这还成了歌舞团至今流传的笑话。

## 崭露头角

全国文艺界开展起了轰轰烈烈地普及样板戏的运动。

我们是歌舞团,当然首先是学两部舞剧。当团里把人选派好赴成都的省歌舞团学习《白毛女》时,我已怀孕快三个月。团里领导对我说:"你还是一块去吧,帮着记记动作也好。"《白毛女》是芭蕾舞,我们都是跳民族民间舞的,芭蕾是西方艺术,曾经是被打成"封、资、修"的东西,大家见所未见,闻所未闻。这会儿要学,也难得开眼界,领导让我去也就跟着去吧。

到了成都的第二天,领导就带领我们去了省歌的舞蹈教室,省歌的老师早已等在那里了。普及样板戏是文艺工作者的神圣职责。那会儿他们是很热情负责的。我们团谁学喜儿,谁学白毛女,谁学大春,早就安排好了。

也许过于紧张,也许怯场,老师在教喜儿舞段时,一下卡住了,学喜儿的演员怎么也找不到感觉,范儿完全不对,动作也记不住,一天下来,效果一团糟,老师汗如雨下,学习的也满脸通红,浑身湿透。因为教我们的时间有限,他们团里还有演出和排练,一时气氛僵了起来,我们团里的领导、演员一个劲地道歉:"对不起,对不起,我们今晚回去再好好练练。"

回到宾馆,大家一时没了主意,学舞的演员也感到压力巨大,差点哭了起来。突然大家指着我:"不是叫你帮着学吗?你明天一起学呀。""试试看呀。"我怀孕在身,连舞蹈鞋都没带,很为难。下午的尴尬,也让我很难堪,毕竟是一个团来的,集体荣誉感驱使,我想明天就试试吧。

第二天,我随大家到了舞蹈教室,他们向省歌的老师介绍:"她今天和昨天的喜儿一起学,望老师包涵。"我环顾了一下教室,站了不少人,有省歌的,有我们团的,还有其他地方来观摩学习的。我没舞蹈鞋,于是很不好意思地说:"我能借双鞋吗?"时任省歌舞蹈队负责人的戴信珍老师马上给我拿来了她的一双新鞋,我心存感激地说了声:"谢谢!"就立马穿在脚上,正合适。于是跟昨天的同事一起,在省歌的喜儿的带领下,认真地模仿学习起来。

突然教室里响起了一片掌声,原来,省歌的老师看见我学得那么快,模仿得很生动,竟情不自禁地鼓起掌来,他们纷纷说:"昨天你们怎么不让她学喜儿呀?她学得那么好。"团里人急忙解释道:"她怀小孩了,不是不让她学。"这一下弄得我面红耳赤,省歌几位老师赶紧搬凳子让我歇会儿,又给我递上水杯,感动地说:"太厉害了,怀了孩子还这么卖力跳,反应真快,学得真好。"这时有人大声说:"去医院做手术打了吧。演样板戏多好。"于是,大家都附和着说:"去医院做了吧,反正还年轻,演完样板戏再要也不迟。"

我犹豫了起来,突然这么尖锐的问题推到我面前,我一时不知所措,她们还在给我做工作:"演样板戏又是主角,又是跳芭蕾,机会多难得呀。"我虽没有马上回答,心里已被他们说服了。

与先生商量后,我们第二天一早就请假去了华西医院妇产科,医生一检查说已经三个月了，不能做人流了，要做就只能引产，病人很痛苦，而且又是第一个，做了很容易有后遗症，甚至可能终身不孕。我惊呆了，被震慑了。医生又好心规劝道："不要做了，都这么大了，多可惜！万一今后怀不上，一辈子后悔都来不及，演出以后有的是机会嘛。"我们才意识到问题不是那么简单，最后听取了医生的好心规劝。

我们回到旅馆满怀歉意地给领导再三解释，并求得了谅解。

以后每每到了教室，我还是忘我地帮着学，帮着记，好像是以此来补偿自己的歉意似的。省歌的老师也表示遗憾，但是也劝我："小心点，轻轻跳，别跳掉了。"我真的很感激。

孩子生下来刚满四十天，我由于身体虚弱就没奶了，只有狠心把孩子送到一善良的中年保姆家，她带过几个这样的婴儿，很有育儿经验。其实三十八天时我就迫不及待地拎着舞鞋到练功房练功了，因为从怀孕到生孩子，差不多一年没练功，腰腿都硬了，人也长胖了，明显比别人落后了一大截，一定得加倍努力才能迎头赶上。

我第一次穿上脚尖鞋，全身的力量都集中在足尖上，站都站不起来，看见别人练了一年多走起碎步像行云流水，自己得双手扶着把杆像瘸子似的一步一步移动，大冬天一股股汗水从额头上往下流，足尖疼得直钻心，哇，这芭蕾这么难。看见银幕上芭蕾舞演员动作那么优美，技巧那么娴熟，不得不折服。我们这半路出家的土芭蕾，要想把样板戏演好，把《白毛女》跳好，得付出多大努力啊。我一边双手扶把做着最最基础的脚尖脚腕力量训练，一边暗自思忖着怎样把眼前的动作练好。

足尖裹了一层又一层的纱布，免得磨破皮，这是她们先训练的经验。练习时全神贯注还受得了，一训练完坐下来，鞋脱不下来了，纱布上全是血，与皮肉粘在一起，痛得根本不能动，直抽气，只能想法用水把纱布浸湿，慢慢浸润后，再一层一层往下揭，脚已经不是自己的了，那钻心刺骨的疼痛至今都记忆犹新。"哎哟呵，哎哟！"不停地叫着，呻吟着。两手抱着脚轻轻地放到小凳子上，拿纸片扇着，这样似乎轻松了些。到了晚上痛得在床上辗转反侧，彻夜难眠。

过了两天脱下袜子，我失声叫了出来，原来一双脚的趾甲全部黑了。舞蹈教员胥蕴明安慰我："大家都这样的，别怕，过两天趾甲掉了就好些了。"那怎么办？要跳《白毛女》，不付出代价不行。只有自己给自己打气，练一下心里就在喊："加油！加油！加油！加油！""下定决心，不怕牺牲，排除万难，去争取胜利。"

万事开头难，这最艰难的第一关迈出后，以后确实好些了。我开始学舞蹈动作，《窗花舞》《大红枣儿甜又香》《太阳出来了》。这些群舞动作通过自己的刻苦努力还都学下来了，并且参加到演出中去。记得当时《北风吹》音乐一响起来，喜儿踮着足尖出场时，观众全惊奇地站起来了，看是不是真的立了足尖。

不久，《白毛女》后半场的"白毛女"需要换人，时任舞蹈队队长的黄孝纯、夏蜀光和其他领导一起决定由我顶上去。白毛女由原来的喜儿变成了苦大仇深的躲进山洞的"鬼"，她在庙里偷吃贡果时与黄世仁、穆仁智相遇，血海深仇让她奋不顾身，用烛台追打着吓得魂飞魄散的仇人。后又在山洞里与朝思暮想的亲人赵大春不期而遇。这大起大落的情感分寸要掌握得非常好才能打动自己和观众。观众的情绪随着跌宕起伏的剧情而变化，当白毛女用烛台当武器打中黄世仁时，观众拍手称快。当白毛女在山洞里遇见亲人大春时，观众也唏嘘不已。大春领着喜儿迎着太阳走出山洞，观众报以热烈的掌声。合唱队唱道："上下几千年，受苦又受难，今天终于看见太阳，太阳就是毛泽东，太阳就是共产党，共产党！"观众又一次热烈鼓掌。台上台下，观众与所有演员融入剧情里，一起心潮起伏，激情澎湃。

为了演好白毛女，我除了反复吃透剧情和人物的情感命运外，还有一大段刻画人物的芭蕾高难度技巧，大转身、旁、后悠腿及掖腿转，又是全

已记不清谁给我拍的这张《西班牙舞》照片

部用足尖,对我们半路出家的民转芭的演员来说确实太难了。为了这个角色,胥蕴明对我们年轻演员的基本训练要求极为严格,大家进步很快。饰演赵大春的杜光明、夏蜀光也十分配合,双人舞段随时都一起切磋、排练。为了塑造好白毛女这个形象,我每天除了惯例参加基训外,还把休息时间全部搭了进去,一个人拎着芭蕾舞鞋跑到隔壁学校的土舞台上反复练习这个技巧。我深知熟能生巧,"台上几分钟,台下十年功",何况到了台上,一紧张还要打折扣,每每练到筋疲力尽有所进展才罢休。

那时学校停课,单位也不上班,哪见这么刻苦自觉的人,隔壁学校的老师见状,纷纷表示钦佩和赞许。因为这,有的还成了我的终生至交,像黄晓强、李碧凤,她们也是我的忠实观众、书友、文友,见证了我在文工团的成长和情感历程。

我们带着《白毛女》这一样板戏到基层去演出和普及,走遍绵阳地区的山山水水、乡乡镇镇,一巡演就是几个月。那会儿,条件艰苦,有剧场就睡在剧场的后台,以蚊帐为界。要么就睡在一个大房子里,通通打地铺。那会儿人单纯、善良、自律向上,从未有过经济上和生活上的偷鸡摸狗现象,真的像一个大家庭。有时,遇上赶场,最多的还演出三场,上午、下午、晚场,且从没人偷懒、懈怠,全是立足尖,一丝不苟,认真跳完。

舞台有时是临时搭建的,地板不平,有的是土泥巴舞台,照样跳芭蕾,但是我们几乎从没有崴到脚,简直是空前绝后。那时物质生活条件不好,买食品限量,还得用号票。我们去演出的地方有时会给团里提供一些猪肉、菜之类的,就用来改善一下伙食。演出任务繁重,搬迁,装台拆台,消耗了大量的体力,但每一个人都表现积极,任劳任怨。

真感谢那时在基层的锻炼,培养了我们坚韧不拔的精神、吃苦耐劳的能力、克服困难的决心以及团结友爱、顾全大局的作风。这真是终生受益。好在我的孩子有保姆宋姨全家的精心呵护,我才能放心地去完成演出任务。我日日夜夜都在思念着我的孩子,常常偷偷躲在被窝里抹眼泪。宋姨全家都尽心尽力,她的十岁小儿子每天天未亮就迎着寒风吸着冷气去河边排队打牛奶,她的老公下午就推着我的孩子去散步,宋姨每晚都起床好几次给我的孩子喂牛奶、换尿布,夜不能寐,从未好好休息过。我们心里十分感激,每次都从绵阳给她带去在外地买的土特产作为礼物以表心意。

后来,孩子大些了,送回达县奶奶家。宋姨他们又搬家了,不知去向,那时没有电话,再也联系不上她老人家。后来我的儿子到德国学习前,我们全家还专程去绵阳寻找过宋姨。但因为旧城改造,面目全非,再

《白毛女》

也无从知道他们的下落。直到现在,我都牵挂着那善良的一家,感激遇见,感谢好人,永远祈福他们全家平平安安,幸福百年!

我们有时也带着年幼的孩子出去演出,跟我们一起睡地铺住大房屋。他长得乖,又聪明,很受大家喜爱。早上眼睛一睁开,阿姨们就开始逗他,因为他小时候夹着舌头说话,所以大家都教他普通话,试图纠正。叫"哥哥",他说"多多","苹果",他说"苹朵","一个",他说"一跺","锅盔",他说"多推","狗屁",他说"斗屁",逗得大家哄堂大笑。后来,他们给他取外号"李斗屁"。到了演出前,舞蹈队的年轻演员恶作剧地给他化个小丑装,让他也站在门口收票。观众都好奇地看着这可爱又怪异的小男孩,还真把票递给这个仅三岁的"收票员"。

看见小演员张波波在台上拉二胡，他十分羡慕地问他爸爸："我可不可以也上去拉一个？"从小的耳濡目染和我们的有心培养，他长大后真的学习了音乐，并考进了中央音乐学院。遗憾的是为了爱情，他去了德国，最终放弃了从小的愿望。

我演完《白毛女》又演《红色娘子军》里的吴琼花、舞剧《红缨》里的杨开慧，一时在绵阳名声大噪，几乎成了家喻户晓的人物，因为当时我的巨大广告海报、招贴画悬挂在绵阳最热闹的十字路口，走到哪都听见有人说："她就是演白毛女、吴琼花的，跳得真好。"

还有的学生，我走到哪跟到哪，至今在美国还遇到了当年买不起票，爬墙看过我演出的小粉丝杨卫宁、杨继宁两姐妹，转眼她们已经一个是大律师，一个是企业高管了。

直到我调到成都工作十多年后，有一次在开往绵阳的火车上，一走进车厢就有人认出我并热情地为我让座："你就是演白毛女的嘛，我们看过你好多演出。"我还跟他们开玩笑说："看来我不能犯错误，犯了错误肯定一眼就认出来并举报我。"大家在一片善意友好的玩笑中哈哈大笑，到了车站他们一一跟我握手道别。

## 上苍打开了一扇窗

一九七四年,学校开始复课了,也逐渐恢复了高考。一天,川音几位有声望的老师赴绵阳招生,其中有大名鼎鼎的钢琴家、声乐家和指挥家熊冀华。

西林肯定想回学校深造,不满足在这里跑跑龙套打打杂,他本来就很有音乐天赋,在团里虽锻炼人,但就人才来说真被埋没了。熊老一眼就看中了他,决定收他回川音跟他学指挥。西林受宠若惊,喜出望外,巴不得即刻就飞。可是进团不易要走也难,因为团里缺男演员,他们就是团里的男宝贝,除了台上能唱能跳能拉能弹,装台拆台,装车卸车,搬运道具,扛景片这些重体力活都是他们打主力,《白毛女》里是主要男群舞,《红色娘子军》里还饰演南霸天,小分队下乡还兼会计,这一走很多活都得要人顶。而他一走还会动摇人心,所以团里领导竭力反对。好不容易把团里工作做通了,文化局局长又表态坚决不放人。

我们急坏了,生怕错过这一机会。好在我平时是团里的主要演员,跟局长们较熟,因为当时有重大演出,比如慰问解放军慰问大工程等,或有新剧目上演,他们都会亲自带队。我决心去找当时的一把手余局长开开后门。余局长胖乎乎的，我感觉他还和蔼可亲，可团里很多人都怕他，连招呼都不敢打，我这次是豁出去了。

我多次找到余局长，死乞白赖地反复给他做工作，并保证西林学成一定回来报效歌舞团，报答余局长，说到动情处眼泪都下来了。谢天谢地，余局长终于同意放西林去川音学习了。有关心我的朋友说："你现在支持他去，将来有前途了他把你甩了咋办？"我丝毫没考虑这个问题，我真心觉得不能埋没他。如果他是人才就应竭尽全力支持他得到更好的发展，我不能为了自己自私地把他留下。

我们开始了两地分居的生活，我一个人要演出要带孩子，非常辛苦，而且常常是巡回演出。那时生活条件差，孩子的营养得不到充分的保证，只好间断性地送他到达县的爷爷奶奶家。

由于西林的天赋加勤奋，学习出类拔萃。指挥专业正好需要接班人，他就顺理成章地留在了川音。一年后又以优异的成绩考上了上海音乐学院指挥系研修班，成了我国著名指挥大师马革顺的弟子。

一晃两年过去了，这期间我也调到了成都大学学前教育学院（原成都幼儿师范学校）担任舞蹈教师。幼儿师范学校从"文革"后开始步入正轨，较注重学生专业水平的培养，重点开设了旨在培养学生能力的艺术类课程。舞蹈课就是在那时才设立的。

幼师通知我去面试，我做好准备就去应试了，我充满了自信。这也许是多年舞台经验养成的。走进面试的教室，那里已坐了好些人，有书记，有校长，有各教研组的组长，主考的是教导主任陈世智。她是一个满脸笑容和蔼可亲，又非常优雅的知识女性，她本人就是师范艺术教育的老专家。尤书记则是一个精明能干、快人快语、能力超强、很有爱心的人。一见她俩就有种亲切感。她们叫我展示了基本功，又让我跳段舞蹈。我跳的是《水乡送粮》，我喜欢该舞蹈的抒情优美，无论是排练或演出，我常常自我陶醉在此舞蹈中。我选择它还有一个原因是刚展示完基本功动作，比较激烈，再来个抒情的，有较大的对比，且跳起来不至于让人感觉力不从心，反而驾轻就熟。

刚一跳完，陈主任、尤书记带头鼓起掌来，赞扬说跳得太美了，太好了，一下让我感觉不是在考核，而是在给他们表演。我也顿感放松，自然地跟几位领导交流起来。原来幼师虽开设了舞蹈课，却一直没有专业老师，现在是由学过体操的老师兼任。他们求贤若渴地表示非常欢迎我去，马上报请人事局发调令，调动就这样轻而易举完成了。

到了幼师，发现连舞蹈教室都没有，只有一个风雨操场，在我的要求下，四周安装了练功用的把杆，但没有墙壁，无法安镜子，等于是敞式上课，谁路过都看得见在干吗。我已经习惯了每天上午练功，所以没课时就自己基训。跳、转、翻，什么都练，生怕到学校后把基本功丢了。

上课完全没有教材，前面的老师说，她已教了些简单舞蹈知识，手的基本位置，脚的基本步伐等。我请同学们把前面老师教的复习下，好了解情况。在科代表带领下，同学们一做动作，我几乎惊讶了，基本上是操不见舞，而且连术语都是体育的。比如"山膀"，她们叫"侧平举"，"扬掌"叫"斜上举"，"双托掌"叫"前上举"等。

我寻思这样肯定不是舞蹈，既然叫我来教舞蹈，肯定要灌输正确的知识。于是我首先把观念给她们纠正过来，再教她们正确的做法和叫法。手的位置肯定是从单山膀、双山膀、单托掌、双托掌、按掌、托按掌、扬掌等最简单的教起。这时有学生大声问："老师，到底是叫侧平举还是双山膀呵？那原来老师教错了哦！"幸好我脑子反应快，不能在学生面前评价原来的老师，她也尽心尽力了，而且是一位认真负责的老教师，很多教学经验都值得我学习。我回答说："原来老师有她的教学习惯，怎么教我不管。现在我教你们，请你们按我的来。"年轻人悟性高，在我的引导下，她们进步很快，也有点舞蹈范儿了。看见她们在进步，我上起课来也有劲头。路过的教师经常驻足观看，情不自禁地夸奖："真像个跳舞的样子。"尤书记、陈主任也常表扬我："很有方法,这么短的时间学生改变很大,不错,不错!"这时我心里总是美滋滋的,谁都希望被别人认可啊!何况是懂业务的领导。尤书记、陈主任她们有水平,且平易近人,学校上下都敬重她俩。我更有知遇之感,很热爱她们。由于自己刻苦钻研,勤奋努力,教学上的突飞猛进让我一下成了学校举足轻重的教师。上公开课,上观摩课,上汇报课,上教研课都安排我。

教育部部长来学校视察,是由我上汇报课,学校要申请联合国教科文组织援建单位,联合国官员来审查也是由我上汇报课。每次都上得很出色,反响很好。我越来越受到领导的信任和学生的喜爱。

因没教材,上课的内容都是我自己因材施教设计的。学生们给上级领导汇报的大型团体操也是我精心编排的。我想,我教的内容,学生们依样画葫芦,没错,但她们把这些内容教完了,又怎么办呢?我觉得应该教她们自己创编幼儿舞蹈,这才是取之不尽、用之不竭的源泉。

首先我要以身作则,除了编课堂教材,还应创作舞蹈作品。在一九八一年成都市艺术节上,我创编的舞蹈《小雁归队》《为了明天》一举拿下两个一等奖。《为了明天》当即被四川电视台选上录制播放。那个年代能上电视真是不得了,校园里像炸开了春雷,人人奔走相告。陈主任亲自带队去四川电视台演播厅录制,化装前还特地吩咐食堂,让厨师为我们准备了可口的饭菜。

这两个舞蹈一个反映不能擅自离开集体以及大雁在暴风雨中互相关爱的主题,一个反映"知识就是力量"的主题,表现学生学习英语的情景。两个舞蹈都反映了孩子们的生活,主题健康向上,形式生动活泼,又没有成人化倾向,让人耳目一新。

在舞蹈大赛的总结会上,时任四川省舞协副主席、成都市舞协主席的周诗蓉老师充分肯定了这两个舞蹈的创作构思和编舞手法,她发言用的那些舞蹈理论和学术用语让我茅塞顿开。原来山外有山,楼外有楼啊!顿时，我对周老师非常崇拜，暗下决心要好好向这些高人学习，不断充实提高自己。

我从此走上了儿童舞蹈创作之路。我开始编写幼儿舞蹈创作教材，那是为学生上课用的，基本都是歌编舞，以此填补幼师无教材的空白。学生进入三年级后，有了一些舞蹈基础知识，加之带她们到各幼儿园实习，观察捕捉到小朋友们的生活，我就开始给她们讲一些粗浅的创作理论知识。我把她们分成小组，让她们互相启发、切磋。最终把她们的编舞成绩作为毕业成绩的重要部分。这一来，学生学习积极性高涨，编舞劲头很大，每一期都有一些好的小作品涌现。

她们还在我的引导下，制作些小道具来增加色彩和童趣，又把学的美术派上了用场。比如演小动物，她们就做各种需要的头饰戴在头上，既形象又逼真；她们用废纸壳做斗笠，做提篮；用各色塑料袋做衣服，做翅膀等；还用板凳、桌子、画板稍加装饰做背景，充分发挥了她们的想象力和创造潜能。我也把我掌握的化妆知识教给她们，给她们上化妆课，让她们知道怎样给小朋友化妆，而不至于把本来就很乖的小朋友的小脸蛋画成两块狗皮膏药或猴子屁股。

每次同学们互相观看别人的作品时都能得到启发，高兴得开怀大笑，或肯定，或报以热烈的掌声，哪怕编得不好，大家也都互相建议怎样修改，怎样加工，群策群力。在第二次还课时就大不一样了。那时的学生真棒！那时的学习风气真好！她们大多数是经过了层层面试、筛选，真心热爱幼教事业的。也有不少从边远山区或少数民族地区考来的学生，她们珍惜学习机会，那种孜孜不倦的学习态度常让我感动。

这时省教委（教育厅）幼教处让我担任全省幼儿师范学校教研大联组组长，带领大家一起研究、编写幼师舞蹈的教材、探索教学法和教学经验。经过这些交流活动，成都幼师、重庆幼师、江油幼师、内江幼师、万县幼师的学习探讨蔚然成风，学习质量蒸蒸日上。

## 精彩亮相

　　大熊猫——这一稀世动物濒临灭绝，抢救大熊猫，这时提到了国家的议事日程上，大熊猫被定为国宝。在成都市第二届艺术节上，我为川音幼儿园创作的幼儿舞蹈《我们都爱大熊猫》一举拿下了创作、表演一等奖。在比赛时剧场座无虚席，连两边过道都站满了观众。

　　这是一个有剧情和人物的舞蹈。大幕徐徐拉开，在蓝天白云下苍翠欲滴的箭竹丛中，憨态可掬的大熊猫和藏、羌、彝族小朋友一起嬉戏玩耍，欢乐舞蹈。突然气候恶变，满山遍野的箭竹全部枯萎，大熊猫赖以生存的唯一食品断绝了，纷纷面临饥饿死亡。这时，在藏、羌、彝族小朋友的呐喊下，世界各国几十个肤色各异、服饰不同的儿童从四面八方纷纷奔来抢救可爱的大熊猫。场面宏大，蔚为壮观，观众为之惊叹，掌声雷动，响彻剧场内外。这一舞蹈当时引起了不小轰动。在后来的研讨会上，专家们一致肯定，题材新颖，生动活泼，情节出人意料，又在情理之中，包括用的道具都别具匠心。孩子们有的手上拿着奶瓶，有的拿着箭竹，有的拿着糖葫芦，有的拿着蛋糕，有的拿着针管，有的拿着美钞源源不断地赶来，很符合幼儿的行为思想。这一出其不意的手法把舞蹈推向了高潮。

这一舞蹈既符合幼儿的审美情趣，又符合幼儿的年龄特征、心理特征，是幼儿舞蹈中的上乘之作，在由文化部、教育部、广电部、团中央、妇联等主办的首届全国儿童舞蹈录像比赛中荣获大奖，并选送联合国教科文组织。

一九八四年，成都市青少年宫受文化部少儿司、全国儿童活动中心之邀赴京汇报演出。当时整个晚会七个舞蹈，除了《水花》以外，其余六个都是我的作品，组台的还有器乐和声乐节目。我们一行在当时的汪少根主任、担任艺术总监的李西林以及赞助商八一科教仪器公司的老总陈宇光的带领下，代表成都市的少年儿童首次登上飞机，飞向了向往已久的祖国首都——北京，大家心情分外激动，小朋友更是兴高采烈。

到了北京，我们被安排住在左家庄一所学校里。八月的北京炎热似火，一大早太阳把它耀眼的光洒向大地，金晃晃的阳光刺得眼睛都睁不开。为了演出成功，我们从早到晚挥汗如雨地进行排练。演出那天，汪主任、李老师、陈老总给大家开会做动员，大家带着强烈的集体荣誉感和即将登上国家剧院大雅之堂的兴奋情绪跃跃欲试。

给小朋友化妆

当天晚上成功演出后,主办方宣布我们第二天将要到中南海警卫局剧场为在京的部分中央领导和警卫局官兵演出,并安排我们上午进中南海参观,同时瞻仰毛主席居住过的瀛台。大家欢呼雀跃,兴奋得一晚上没睡着觉,这是多大的荣誉啊!

第二天,演出结束后,在留守中央的部分领导和警卫局官兵的热烈掌声中,我们全体演职员走上舞台,谢幕并接受文化部赠送的锦旗,这也是对中国第一个民营企业家赞助少年儿童文化事业的高度认可和表彰。锦旗上书写着"赠成都市少年儿童艺术团晋京汇报演出",中间是金灿灿的七个大字:"众人浇花花更红"。

在与领导合影后,文化部少儿司艺术处处长、老舞蹈家陈云富大声问:"你们谁是罗彩文?""我。"我赶紧举手答应,心里诧异他怎么知道我的名字。他接着说:"刚才看见你编的舞蹈不错嘛,很有创意。你下个月去江苏溧阳,参加全国首届儿童舞蹈研讨会。四川省文化厅已经把你的名字报上来了。""真的?"我高兴得几乎蹦起来。"文化部几个部长都要去,部里对这次会议很重视!"陈处长伸出手来,握着我的手说,"我们下月在江苏溧阳见!"罗英司长也过来握着我的手说:"祝贺你,我们溧阳见!"我连忙鞠躬:"谢谢罗英司长。"全体队员这时都向我投来羡慕的眼光,我十分激动,刚刚演出成功落幕,这边又接到出席全国会议的喜讯,大家都一起分享了我的这份快乐和荣耀。

这时暑假快结束了,返程的交通还没着落,半价的学生火车票特别不好买,机票也紧张。那时飞机少,只有一定级别的人才能享受坐飞机的待遇。文化部的老师也尽力了。还是陈总见的世面多,有办法。我们随团到北京的还有两名小画家,是配合团里演出,在剧场门口画画,搞宣传的。一个才四岁多,一个不到六岁,她们画的儿童画,曾参加过国际儿童画展并获奖。陈总在大腿上一拍说:"有了!"第二天与另一位老师刘明瑛带着两个小朋友通过关系,费尽周折找到了民航总局局长的家,拜见局长爷爷。工作人员把他们请到了局长的客厅，老爷爷热情地接待了他们。陈总汇报了我们演出情况，同时叫两个小朋友铺开画纸为局长爷爷画起了"大公鸡"。两只栩栩如生的大公鸡跃然纸上，公鸡的器宇轩昂和搏斗的凛然神态把局长爷爷逗得哈哈大笑。两个小朋友趁势抱着他说："爷爷，我们想妈妈了，想家了。"说着说着"哇"的一声大哭了起来。局长爷爷一边忙着哄她们，一边安慰道："想妈妈，马上不就要回去了吗？"陈总忙汇报说："我们想尽了办法，买不到机票，学生要开学上课了，大家急得团团转……"局长说："这还不好办？"马上拿起他的电话把我们返程的事安排了下去，果然一天后，给我们派了一架伊尔-18的喷气式专机送我们回家。

两个小画家立了一大功，我第一次感到了儿童艺术在交流和公关上的魅力。

## 指挥家从这里诞生

我和我先生李西林在绵阳工作时，歌舞团驻地是崔家巷一个地主老财的四合院。西林调回四川音乐学院，特别是成名后，团里人戏称他是"崔家巷出来的指挥家"。我们大家后来都自豪地称自己是崔家巷出来的，因为我们都把人生宝贵的青春年华留在了那里，那里有我们一切美好的、痛苦的、五味杂陈的各种回忆，它刻在了我们的脑海中，铸进了我们的生命里。

西林从上海音乐学院毕业回来，正巧遇上四川省首届"蓉城之秋"音乐会，为了迎接这场音乐盛典，省里各专业团体都做了充分的准备，拿出了各自的看家本领，排练了有各地特色、各种形式的高水准音乐作品，准备一比高低。

川音的三名老作曲家高为杰、俞抒、朱舟共同创作的《蜀宫夜宴》也将亮相蓉城。他们找了几位指挥都不理想，于是想到了刚回川音的西林。时间短，任务重，人年轻，西林临危受命！他捧起了这部古典大作，做足了准备的功课。

这是表现盛唐时期宫廷生活的民族交响乐，有皇室在宫廷宴请宾客，宫女翩翩起舞的盛大场面。那音乐恢宏热烈,又有盛唐时期外来文化的异域特色,律动性很强,加上现代手法的配器和丰富多彩、变化无穷的节奏行进,让人耳目一新,一听见音乐,身体就有一种着了魔想跟着音乐跃跃欲动的冲击感。打击乐和各种器乐的交相辉映,把高潮推向了极致。那激越的乐曲直冲剧场穹顶,向苍茫的夜空扩散开来,像闪电,似雷鸣,欲爆炸,要轰顶。这时,音乐戛然而止,大家都屏住了呼吸,剧场里一片可怕的寂静,此时无声胜有声……盛大的喧哗过去了,留下的是宫廷乐工们无尽哀怨和凄凉的渐行渐远的背影。

在幽怨的二胡声中,音乐轻若游丝又如残败的花瓣静静地掉在地上,悄无声息,缓缓结束。观众沉浸在这乐工的悲凉中,等他们回过神来,全场肃然起立,再一次爆发出经久不息的热烈掌声和喊声。全体乐队成员在西林的带领下,再三致谢并返场演出盛唐乐舞那段乐章,才落下了帷幕。

西林首次亮相指挥《蜀宫夜宴》

这种空前绝后的演出效果是很罕见的。观众们大都是内行,都被这部作品的创作水平、演奏水平和指挥水平所折服,久久不愿离去。

演出前我十分紧张,生怕他有一星半点闪失。西林是第一次指挥这么大的民族交响乐团,演奏的又是这么高水平的作品。我前去聆听,坐在台下,场内鸦雀无声,我感觉我的心都快要蹦出胸膛,发出怦怦的跳声。终于功夫不负有心人,演出成功的反响大大超乎我们的想象。

时任四川电视台导演的扬扬老师远远地向我招手,大声说:"太棒了,西林的指挥!他的身体和手指尖上都流淌着蜀宫的音符。""太让人激动了。"

出场的观众还陶醉在刚才的演奏中,议论的全是关于《蜀宫夜宴》的话题,始料未及的轰动使西林一下成了"蓉城之秋"的热门人物,走到哪,认不认识的都主动来跟他握手祝贺,一颗乐坛之星从这里开始冉冉升起。

西林在全国青年歌手电视大奖赛上担任乐队指挥

## 第一次参加全国儿童舞蹈研讨会

我到江苏溧阳去参加全国儿童舞蹈研讨会,由于一个省只有一个代表,我是带着责任感和使命感前往的。经南京转车溧阳,负责接待的韩维鸣是文化部少儿司艺术处最年轻的干部(现中国儿童歌舞学会会长),北京舞蹈学院毕业的高才生,他年纪轻轻,一表人才,曾是著名舞剧《宝莲灯》沉香的扮演者,功夫了得,后调入少儿司工作。他非常热情地不断对代表说:"我是文化部的,你们都是各地的专家,叫我小韩就行了。""欢迎你们回家,少儿司就是你们的家。""一路辛苦了。先到房间放下行李休息会儿,晚上等代表到齐了才开见面会。"我第一次听见这么亲切的话语,旅途的疲劳顿时一扫而空,非常感激地跟宾馆接待员进到了房间。

我的房间里已先住进了陕西文化厅少儿部部长韩淑玲。虽说是县级宾馆,毕竟是第一次举办全国会议,宾馆本是新修不久,现又打扫得一尘不染,几净窗明。推开窗户,扑鼻而来的满园芬芳沁人心脾。我忍不住猛吸了两口这馨香的空气。

我的隔壁住着北京舞蹈学院教授,大名鼎鼎的许淑英老师,她这次带着她的两个得意门生（一个是后来任北京舞蹈学院院长的明文军，一个是后来任编导系系主任的孙龙奎），他们是前来参会的特邀代表。对面是中央民族歌舞团的大专家、大编导张苛老师。斜对面就是少儿司艺术处处长陈云富。再旁边是北京舞蹈学院编撰中国第一部考级教材的孙光言教授。

对于我这个无名小辈来说，这么近地跟他们接触既感到荣幸，又充满了仰慕和崇敬。

第二天吃过早饭，我们早早到了会议室，远远地，我就看见了在北京演出时到后台来找我的陈处长，他在与一群代表说话。我赶紧走过去跟他打招呼——他是我这次参会最早认识的人，可陈处长伸出手来非常礼貌但又迷惑地问："你是哪个省的？我怎么不认识？"我很尴尬，满脸通红地说："我是四川的罗彩文啊！在北京演出时，你不是到后台来找我吗？"他猛地回想起来了，一个劲地拍自己脑袋无不歉意地说："对，对，罗彩文，四川代表，我太忙，接触的人又多，对不起，对不起，一时没想起。""没关系，没关系！"我虽然嘴上这么说，心里却老大不悦，我转身走开了，觉得丢了面子。

开会了，我们按桌上的名牌就座，我刚好坐在第一排的边上。陈处长冲我走来坐在我旁边，歉意地说："小罗，生我气了？我刚才一时没想起，对不起啊！别生气，马上开会了。"说完他走上主席台，坐在上面开始主持会议。他宣布文化部全国儿童舞蹈研讨会开幕，全体起立，奏国歌！在肃穆庄严的国歌声中拉开了会议的序幕。落座后，陈处长一一介绍台上的领导，文化部部长周巍峙，副部长高占祥、吕志先，少儿司司长申溪。著名舞蹈编导家张苛，舞蹈教育家、国宝级民族民间舞蹈教授许淑英，编撰全国舞蹈考级教材的教授孙光言，以及各省有一定成就的儿童舞蹈编导、老师或省群艺馆少儿部主任一起研讨我国儿童舞蹈的现状、存在的问题和今后的任务。

当时条件差，几位部长的发言因为没有手稿，是用砖头般大小的录音机录下来的，不甚清楚。第二天要把他们发言的稿子发给大家学习。我和陈处长、韩维鸣老师通宵达旦吃力地听着录音机，一句句记录下来，再整理好。等讲话一页页复印出来，刚好赶上代表们开会讨论的时间。大家直说："真有效率，好快！"个中的辛苦他们都不知道。

无论是分组学习讨论，还是听专家学术讲座，大家都如饥似渴，废寝忘食。晚上在走廊里过道上还见缝插针向许淑英教授学各民族民间舞蹈组合。短短时间，大家学到了不少舞蹈知识。幽默的张苛老师从花园里采摘了一束鲜花以西方礼仪单膝跪地代表大家献给敬爱的许老师，还吻了一下她的手背。大家开怀地鼓起掌来。

时间在飞逝，半个月眨眼就过去了，会议结束的当晚，陈处长、小韩老师带动大家跳起了各种集体舞，人们都仿佛回到了童年。

相见时难别亦难，第二天早上大巴一到就要各奔东西了。大家依依不舍地相拥哭了起来，在基层工作的我们第一次得到了那么多的尊重和厚爱，真是不愿离开。我只顾哭，连行装都没整理。时任中国舞协组联部主任的王金山老师，既像师长又像大哥哥，一边帮我装包放行李，一边安慰说："别哭了，这次联系上了，找着'家'了以后就好办了。有困难来北京找我们。"他这一说，我哭得更厉害了，真像是离开家要远离亲人了。这时参加会议的空政文工团佟承杰老师、郭宝贤老师，内蒙古的王淑兰老师，中国香港的陈起馨老师，广东的郑晶莹老师，延边的申香老师，都来送行。不知这一别大家何时才能再相聚。

感谢这些关心我的领导们老师们，我暗下决心，回去后一定好好创作，多出好作品，争取下次研讨会有资格再参加。

# 芭蕾舞团儿童舞蹈编导培训班

一九八六年夏天，文化部少儿司发出通知，为了培养儿童舞蹈编导人才，在中央芭蕾舞团举办首届儿童舞蹈编导培训班。因为名额有限，各省推荐一到两名出过作品、有一定基础的人员参加。学习时间是四十天。

我接到文化厅群文处通知后，赶快收拾行装出发。报到那天刚好遇到北京多年不遇的特大暴风雨。在疾驰的火车上我望着窗外的电闪雷鸣，一筹莫展。芭蕾舞团在虎坊桥，由于天气原因火车抵达北京已是半夜了。我此前给陈处长发了电报告知到站时间，可火车偏偏又晚点。"会有人接吗？如果没人接，该咋办？"我的心里忐忑不安。

我提着行李，随着人流走出火车站，正茫然不知所措时，突然听见陈云富处长那熟悉的声音："小罗，你好！我在这等你好几个钟头了。"我喜出望外，赶紧放下行李，与他握手："真不好意思，谢谢！谢谢！"这时我才发现他全身湿透，被淋成了落汤鸡。我不无感谢可又客气地说："早知这么大的暴雨就别来了。""我们少儿司就那么几个人，大家都各自有事，我不来你连方向都不知道。这大半夜的到哪去找芭团。"那年头，的士很少，我心里除了感激就是佩服，少儿司老师的亲民接地气、朴实肯干、认真负责的工作作风在溧阳就有目共睹了。

到了中央芭蕾舞团地下室，韩维鸣老师在狭小的临时办公室里还在等着接待从全国各地赶来报到的学员。他递给我一杯水和一条毛巾："快擦擦，喝口热水。"全身冰凉的我一下从头暖到脚心。小韩老师又指着过道尽头的房间关切地说："你住那儿，里面已经有人了，快去把衣服换了，小心别感冒。"陈处长一边用毛巾擦着头上的雨水，一边开玩笑说："你只关心小罗，对我视而不见，我感冒了，咋办？"小韩老师眨眨眼诡秘地说："一会儿喝两口暖暖身就好了。"

第二天上午在中央芭蕾舞团教室集合点名，宣布各种注意事项，以及上课时间表、上课的教室、班主任和授课老师。授课老师全都是全国有名的编导，如北京舞蹈学院编导系主任孙天路教授、中央芭蕾舞团的大编导陈泽美老师、舞蹈学院的青年才俊孙龙奎老师等。音乐课是中央歌剧舞剧院指挥负责，名声显赫的老师把大家震住了，个个瞠目结舌："这么好的老师给我们上课呀！"

班主任是文化部少儿司陈云富处长、韩维鸣老师。陈处长谦虚地自我介绍说："因为在香港还要举办全国儿童画展，我两边兼顾。不在京时由小韩老师全权负责。"大家热烈鼓掌，陈处长又补充宣布，因为少儿司小韩还有日常工作，所以我们选一个学员当班长，协助班主任工作。很多人都是第一次见面，不甚了解，大家面面相觑。陈处长干脆指着我说："那我提议选四川来的罗彩文吧！"我一听急坏了，正想推脱，陈处长又肯定地说："就这样定了，罗彩文当班长，大家鼓掌通过。"我只好受命。

在中央芭蕾舞团学习的四十多天，来自全国的同学大有收获，除了有顶级的老师上编导课，大家还要上中国舞蹈基础课，练功，学习各种民族民间舞蹈，还有理论课、音乐欣赏、作品分析、观摩，最后是创作。

每天时间安排得井然有序。由于时间短，内容多，随时还要还课，自然压力就很大。开始大家学习积极性蛮高，几天后我发现少数人溜号，人不在也没请假,因为分小组上课,老师有所觉察,问:"昨天那两个人怎么没见了?"有同学反映个别人到男朋友那儿去了,还有陪爸爸妈妈来北京玩的,有个别听不懂的,干脆逛街购物去了,也有觉得太累睡懒觉不起床的。

我一听火冒三丈,他们不仅不珍惜千载难逢的学习机会,对老师也不尊重,对少儿司、对大家都有负面影响。何况为给大家减轻负担,少儿司每天还给每人四十元生活补助。我赶紧向小韩老师汇报,我们一起召开全班会议,对那些不良现象进行了批评。下面开始有人攻击我,诽谤我"挣表现,巴结领导"云云。我全然不顾,为了这个班,为了集体荣誉,为了学有所获,我豁出去了。

首先整顿纪律。为了避免那些人迟到,早上我第一个起来叫大家起床,并让各组组长点名,用制度来约束少数不自觉的。其次,还课以前集体复习,互相检查。无故不到、没有参加学习的扣除补贴,告诉大家每个人在学习期间的表现最后都会反馈给原单位。同时班主任小韩老师也每天到各教室巡查听课,规定晚上必须回宿舍睡觉。这一招果真奏效。以后再没出现旷课现象。在班主任韩维鸣的督促下,在各组组长的带领下,学习风气大有改善。有一天,陈云富处长从中国香港回来,笑着表扬我:"小罗,听他们说你干得很不错哟。"

快结业了,每一组都要创作一个新作品汇报,我们这组以我为首创作了《校园小树林》,是表现热爱环保、呼唤绿荫这样一个现实题材的。排出来后,大家都看好。在中国儿童活动中心汇报那天,少儿司所有领导、授课老师、来宾、学员,济济一堂,都为我们这个结业作品点赞,给出了很高的评价。

陈泽美老师是四川人,在结业晚宴上,她给我敬酒时说:"我们四川人就是不一样,要干什么事,一定是干得最好的。"我知道,她的作品《新婚别》刚刚在全国专业舞蹈大赛中荣获一等奖。这个四川老师给我树立了学习的好榜样。平常对我不理解、意见大的人也改变了看法，纷纷过来敬酒表示认可、感谢和祝贺。当时在观园负责的王蕴杰老师、罗廷老师也给予了编导培训班的结业汇报演出极大的支持和帮助。

当天晚上在中央芭蕾舞团排练厅举办结业联欢，四十多天的紧张学习压力大，事情多，我每天晚上睡不着觉，靠吃安眠药镇静助眠。这一下可以彻底放松了。在大家的鼓噪下，我在激烈的乐曲声中跳起了拉丁舞、恰恰、伦巴。因为不久前我在四川省舞协举办的拉丁舞培训班学习过，跳得还不错，还有点专业。同学们一看："哇！班长的舞跳得这么好！"像开了眼界似的，刮目相看，并跟着我一起跳起来，一曲接着一曲，夜深了还不肯结束。

生命中的每一段开始和结束，都是在丰富自己的阅历，远去的微笑告别，当下的好好珍惜，明天的勇敢相迎，这就是生活吧？再见了，亲爱的老师！再见了，中央芭蕾舞团培训班！再见了，我们的少儿司！

值得一提的是，中央芭蕾舞团培训班取得了预期的效果，少儿司为中国培养了一大批在全国很有影响力的儿童舞蹈精英。如山西的白灵后来成长为海军海娃艺术团的舞蹈编导，武汉的范代云后来是湖北省群艺馆少儿部部长，广州的彭武后来是广东著名少儿编导，还有重庆的谢媛、东北的孙玉秋、徐秋平，杭州的张莉，新疆的李瑛，云南的李锦荣，浙江的陈康荣，等等，他们都出了很多好作品，且无论在编导上、教学上、组织工作上在全国都颇有建树和影响力，确确实实起到了骨干带动作用，像孙玉秋后来就举办了很有特色的满族儿童舞蹈个人作品专场。

广州的彭武那时年轻气盛，自我感觉特别好，我永远记得他曾问我："你觉得我们班谁学得最好？""都好。"我笑着回答。他说："女生嘛你学得最好，男生嘛我学得最好。不过男女生加起来还是我学得最好。"自信是好事，他对自己充满了信心，我想，无论做什么，自信才是人生应有的积极态度！

# 云南第二届全国儿童舞蹈研讨会

几年以后，儿童舞蹈创作如雨后春笋蓬勃发展，涌现出了大量的作品，但良莠不齐，成人化倾向很严重。甚至有的作品表现有些人富裕后，让孩子在台上大把大把数钞票，背离了儿童舞蹈的创作本质。云南第二届全国儿童舞蹈研讨会就是在这种背景下举办的。

我和成都市群艺馆的干部石妙川一起前去参加会议。我们坐火车去昆明，先到昆明报到集中。刚到成都火车站就听见电台新闻报道伊拉克武装侵占科威特，后来美军参战，科威特击败了伊拉克，恢复了科威特国家主权。好久没听见过关于战争的报道，虽然离我们千山万水，但仿佛听到了战争的炮火声，闻到了硝烟的火药味。我们俩异口同声说，还是我们国家好，没有战争，否则哪有今天的宁静生活。

到了昆明酒店，好多老朋友久别重逢，格外兴奋，也有很多新面孔参加，都是各省的优秀代表，坐在一起再次研讨当前儿童舞蹈的形势、现状、存在的问题、将来的发展方向等。首先申司长对上届儿童舞蹈比赛的情况做了详细的总结，对涌现出来的好作品进行了表扬、分析、点评，对较差的作品指出了问题的症结，对部分优秀作品还进行了现场展示，比如云南李锦荣老师的儿童舞蹈《捉泥鳅》，就得到了申司长和与会代表的充分肯定。

我在这个会上认识了当时全国赫赫有名的南京小红花艺术团编导刘英姿、王海平，北京少年宫的张先敏，空军蓝天幼儿艺术团的金英华，青岛的陈鸿运，山西的刘怡宁，武汉的陈梦影，深圳的杨素等。

大家对儿童舞蹈存在的严重成人化倾向提出了批评，强调了儿童舞蹈的特征，对它的教育性、儿童情趣、儿童的心理特点和生理特点、儿童的审美观以及现实意义都做了逐一研究和探讨。在这个会上大家又一次见到了长期从事儿童舞蹈研究、脸上总是挂着微笑、慈祥的张苛老师，并且认识了长期关注儿童舞蹈事业的发展、写有很多专著的舞蹈理论家、时任《舞蹈》杂志总编的王同礼老师，空政的陈心天老师，海娃艺术团、原海政歌舞团的李勇奇老师，中国儿童活动中心的罗廷老师，文化部的路海燕

全国各地代表合影

老师，等等。韩维鸣老师担任会议的后勤。小路老师成天笑眯眯地跟大家打成一片，很是亲密。跟这些在事业上有建树的老师在一起，对少儿舞蹈理论认真学习、深入研究，真是让人茅塞顿开，大获裨益。

有的代表反映了当地由于不重视儿童舞蹈，所以创作相对滞后，鲜有好作品的苦恼，有的提出了很多好的建议，编导之间也交流了创作心得体会和经验。每一次研讨，大家都得到很大收获和提高，纷纷表态要出人才，出作品，摩拳擦掌，跃跃欲试。我当时也暗下决心，一定要刻苦钻研，拿出在全国有影响力的好作品。

接下来是去大理、下关、瑞丽等地参观访问，学习云南当地少数民族的舞蹈，了解他们的人文风俗、生活习惯。到白族居住地去体验生活，喝"三道酒"，还学习了白族舞蹈《插秧颂》。以前看电影《五朵金花》，觉得大理蝴蝶泉不知有多美，走近一看就一个水汪汪，大家好生失望，艺术的真实不等于生活的真实。大家一路欢声笑语，搞儿童舞蹈的聚在一起永远长不大，永远具有一颗不泯的童心。

坐在车上，海娃艺术团李勇奇老师问我："你有没有二十八？"我开玩笑说："刚满三十。"过一会儿他满脸严肃地问我："你四十多了，为什么骗我说三十岁。"我扑哧一笑，辩解道："谁叫你问我有没有二十八，把我看得那么年轻？我还多报了两岁呢。"他无奈地摇摇头："我这老眼昏花，确实看不出年龄了。"逗得大家一阵大笑。

绕了十八道崎岖山路，过了数不清的天堑危途，终于到了边陲瑞丽。这个小城确实很漂亮，街道两边大都是缅甸人、中国人开的小商店，也有少数越南人、印度人的。各种珠宝、首饰、化妆品、日用品、缅甸服装、傣族筒裙、孔雀羽毛饰品扯人眼球。不时有印度小女孩对着我们用云南话叫卖：进来看看，买珠宝，印度珠宝，假一赔十，买进口化妆品……

下午我们到傣族寨子走访参观，那里完全是另一番景象，在一片片原始森林和热带竹林中，傣家小竹楼就建在上面。竹楼里家具电器一应俱全，干干净净，而且家家户户都没有门，完全敞开迎客的样子。傣族姑娘穿着筒裙，在竹楼间婀娜多姿地穿梭，好一道美丽的风景。我们问主人："你们不怕东西被盗？"他们笑了："我们傣族从来没有小偷小摸，家里东西不会被盗的。"一派安居乐业的景象。多好的傣族！多善良淳朴的民族！多美的傣族姑娘！

农贸市场里，各种语言的吆喝声、叫喊声此起彼伏，欣欣向荣，热闹非凡。具有缅甸特色的大小佛塔比比皆是，别具异域风情。

晚上在广场上与傣族民众联欢，陈云富老师、韩维鸣老师、金英华老师、张先敏老师带着大家跟在傣族小伙、姑娘的身后跳起了传统的傣族舞蹈，我们拉起了大圆圈在牛角号、橡皮鼓的伴奏下翩翩起舞，一轮皓月挂在广场上空，银色的月光洒落下来，婉约清亮。真可谓风云散，明月照人来！这美好岁月的场景，永远存留在我们心间！

与空军蓝天幼儿艺术团团长贾乃政老师合影

# 我的恩师周诗蓉

一九九二年年底的一天，时任省舞协副主席、市舞协主席的周诗蓉老师把我叫到她在北新街市文联里的办公室。市文联坐落在商业闹市区，但一走进文联的四合院，就有一种满园书香的气息扑面而来。

周老师是我崇拜的偶像，一向自我感觉良好的我，这辈子还没崇拜过谁，然而一见到周老师，我就被她高超的学术水平、睿智的思想、敏锐的见解、一针见血的率直、待人的真诚、敢于扶持新人的胸怀、勇于承担社会责任的担当等优良品质集一身而散发出来的人格魅力所折服。再加上她从小进入部队文工团，历练出来独特气质和美丽干练的外表，无一不吸引我。她无论什么地方都成了我的表率和楷模，就连穿衣戴帽，都深深影响了我，包括什么场合着什么装，怎样才得体而不失身份，又高雅脱俗。

记得有一次接待加拿大舞蹈家，周老师一身身各色改良旗袍，恰到好处地勾勒出她姣好的身材，再配搭上同色系的围巾、皮鞋、拎包，每天都会让我们眼前一亮。她的讲话又那么引人入胜，赢得大家阵阵喝彩，加拿大舞蹈家对周老师也赞赏有加。整个交流活动精彩纷呈，至今难忘。

有一次，周老师穿一件大红皮衣、头戴贝雷帽、脚蹬一双长筒皮靴，

我的恩师周诗蓉（穿红衣者）——人称"郑雷电"——与众多著名艺术家在一起

既年轻又摩登时尚地去参加国际青年艺术家的一次交流会。连我先生回来都忍不住赞叹：你们周老师太像《聂耳》电影里的郑雷电了（郑雷电是电影里聂耳的女友）。他同时带回了他们的合影，有中美文化交流协会主席周文中、作曲家音乐家何训田、美术家何多苓、摄影家肖全、词作家、书法家等和他自己。作为舞蹈家的美丽的周老师在中间特别醒目。哇！真的像郑雷电，不仅外形，连做派都像：雷厉风行、疾恶如仇，似黑暗里的一道闪电，划破夜空，照亮寒夜，喜迎暴风骤雨的洗礼，不断勇往直前。

周老师那天约见我，早早就等候在她办公室了，我走进去还未坐定就迫不及待地问周老师有什么事。周老师递给我一杯水神秘地笑笑说："先喝水，别急，今天来给你一个重要任务。你已经创作了那么多的作品，明年'六一'搞一场儿童舞蹈专场，作为礼物献给孩子们，怎样？"我一听，腾地跳起八丈高："周老师，你要我的命呀！明年'六一'还有几个月？搞一个专场？不行，不行，我想都不敢想，要创作还要排练，不整死人才怪。"周老师不温不火，说出了她的想法："第一，你已经积累了一大半作品；第二，我相信你的创作能力，这个不是一般人具备的；第三，我会根据作品的需要安排市群艺馆的石妙川协助你搞台前幕后的其他工作，你就专心致志地搞作品。晚会的总体框架和作品的构建，我协助你把握，有什么困难，随时找我解决。"

她不容我分辩，就这么"武断"地定了。这以前周老师已经举办了张平舞蹈专场、何川作品专场，都非常成功。我还有什么话说？周老师在我面前就这么有震慑力。从她办公室出来，这个任务就像一个重担压在我身上，步履也沉重起来。我反复问自己，整场晚会能完成吗？虽然我对创作很有激情，但毕竟时间这么短，想退缩，很纠结。可一想到周老师的信任，又像有一道彩虹在天边引诱着我。有周老师指导或许成功触手可及。我脑子里开始产生各种幻想。搏一把！来一个华丽转身，不断挑战自我。

夜那么静谧，星星好似诡异地向我眨眼，嘲笑着："你行吗？"我躺在床上辗转反侧。一连几天，失眠的痛苦向我袭来，心烦意乱。眼圈黑了，眼袋也大了起来。反正睡不着，一晚，我打开收音机调着台漫不经心地收听音乐，突然徐沛东的儿歌《种太阳》跃进耳膜。我特别喜欢这首歌，旋律非常优美动听，儿童特点十足，表现了儿童们的美好理想！想着能播种出若干太阳，让全世界的小朋友都沐浴在阳光中，没有寒冷，没有黑暗。一听这美妙的音乐，我的创作灵感突然像奔腾的骏马疾驰而来！对！"种太阳"！我想最渴望看见光明的应该是双目失明的儿童。他们来到这个世界，就在黑暗里生活，不知世界是什么样子。如果太阳能照亮他们，给他们带来光明，让他们看见这美好的世界该多好啊！

于是，我设想一群天真烂漫的孩子在播种太阳，他们牵来了两个小盲童一起劳作、播种。当若干个形状各异，色彩不同的太阳在天幕上升起时，小朋友欢呼雀跃，托举着小盲童扑向太阳的怀抱。小盲童伸着双手激动地向太阳摸去，摸去……天幕上的各种太阳是盲童的心理写照，因为他们不知太阳是何形状。向太阳摸去，是他们的行为反映，因为他们的感知是靠摸出来的。感谢徐沛东老师的音乐给我带来的启迪和灵感！

等我把这个舞蹈的主题结构和细节以及"种太阳"需要的道具都设计好后，已经是天色大亮了。我穿好衣服，带着一宿未睡的疲惫以及创作上有所突破的兴奋，迎着晨曦走去。晨风轻轻拂面，整个人都沉浸在这风轻云淡的早晨的清爽里。朝阳出来了，它的每一道光束都闪耀着赏心悦目的温情。啊，多么舒服，我感受到了创作后的轻松和惬意。

我赶紧把昨晚的情况向周老师汇报。周老师惊喜于我燃烧的激情和神速，并肯定了我在舞蹈上对主题的表达和升华。

我犹如吃了定心丸，提神了很多。继续努力吧！有周老师这双坚定有力的隐形翅膀，我的艰苦创作并不孤单。有时思想一开窍，它会在你的天地里自由地驰骋。

另一个儿童舞蹈的构思也出来了——我带幼师的学生到幼儿园实习，看见幼儿园的小朋友特别爱玩胶泥。他们把五颜六色的胶泥揉成各种玩具。我突然萌发奇想，一个玩胶泥的舞蹈：几个小朋友饶有兴趣地玩着胶泥，他们捏呀，揉呀，搓呀，最后把滚动的胶泥做成了一个泥娃娃，并把它装扮成太空人。这时，缀满星星的天幕降下来，舞台瞬间变成了浩瀚的夜空。孩子们在太空人的带领下，在宇宙天际间遨游，预示着他们将来是征服太空的人，音乐是用孩子们耳熟能详且非常爱唱的《泥娃娃》歌曲改编的。

这两个舞蹈成型后，我的信心倍增，创作的欲望像浩荡的江水一泻千里。紧接着表现劫后重生顽强生命力的《原上草》，表现老师对小朋友关爱情怀的《爱》，表现环保的《绿色的希望》都出炉了。我扳着指头数，还差一个了，而且这个应该是热闹非凡且能够压轴，把晚会推向高潮的舞

我的恩师周诗蓉

蹈。我终日沉浸在冥思苦想中,要与别人的作品不相雷同,又要有新意,我甚至到了不思茶饭的痴迷境地。

  一天,我走在大街上,当时正流行玩丑娃娃玩具,小朋友手上拿的、怀里抱的、包上挂的都是各种各样的丑娃娃。一商店正播放着《北京喜讯传边寨》的民族交响乐。我心里一亮,创作就是这样一件执拗冲动的事吧?它也许不要什么公式、逻辑,但它需要想象、新鲜、情愫、灵感、浪漫。我赶紧趁热打铁把完全不搭界的丑娃娃和《北京喜讯传边寨》两个元素结合起来。我酝酿了一个由丑娃娃组成的乐队在演奏这首乐曲时的各种情趣。

一部分丑娃娃是乐队的弦乐手，一部分是管乐队员，有几个是打击乐手，还有一个穿着燕尾服神气活现的小指挥家。在她的指挥下，各丑娃娃演奏着自己声部的乐器，时而舒缓，时而激烈，时而欢快，时而浪漫。当乐曲进入高潮时，小指挥索性甩掉指挥棒，用手打起打击乐来。打击乐乐器是丑娃娃欢乐的小脑袋，他们随着快乐的节奏摇晃得像拨浪鼓，既风趣又逗人爱。最后音乐戛然而止，小指挥得意地倒在众乐手组成的造型中。把这个构思想好后，我迫不及待地给周老师汇报："最后一个舞蹈我编《北京喜讯传边寨》。"周老师一听马上否认道："又编那种少数民族随着'北京喜讯'的音乐跳情绪舞，太没意思了。""别急。"我赶紧把我的构思汇报给她听，我这一创意很出乎她的意料，她马上肯定了我的创造性，并鼓励我要大胆创新，只要符合儿童的审美情趣，有儿童特点，是儿童喜闻乐见的都行。创作源于生活，高于生活，通过编这几个作品，我深刻悟出了这一道理，也进一步认识到生活是创作的源泉这一颠扑不破的真理！

感恩生活，感恩生活蕴藏！感恩岁月的深远！感恩我的遇见——恩师周诗蓉。

# 创作需要爱和激情

节目在经过反复思考基本定稿后就开始进入排练阶段,这同样是块硬骨头。因为我在幼儿师范学校工作,没有自己的舞蹈队伍,必须借用别人的力量。少儿舞蹈部分基本定在了锦江区少年宫,幼儿舞蹈因为小朋友年纪小,只有四五岁,只能分到几所幼儿园,分别承担一些节目。这几个幼儿园是成都市艺术特色园,从作品的完善到化、服、道的制作,她们都给予了大力支持。但也有个别单位是第一次合作,不仅要说服领导,小朋友的基础也相对较差,一切要从零抓起。

《玩具钟表店》《我们都爱大熊猫》由川音幼儿园承担;《种太阳》《爱》由省军区幼儿园承担;《泥娃娃》由成都石油总机械厂幼儿园表演;《小小粉刷匠》则由日杂公司幼儿园领衔。这几个单位分布在成都市的东西南北。我自己在学校的教学任务重、活动多,只能抽每天下班和周末的休息时间给他们排练。当时交通很不方便,我又是高度近视,只能骑一个连挡泥板都没有的小学生自行车前往。开始还充满信心,饶有兴致,跑上一段时间后就感觉体力不支疲惫不堪了。特别是给少年宫的孩子排练,虽然宫里在周老师的安排下也很支持,但毕竟教室有限,学生人员有限。宫里要先满足他们的正常教学秩序，常常腾不出教室，时间又冲突，我们的排练只能在阶沿边、院子里、水泥地上进行。

五、六月成都的气候潮湿闷热，稍一动弹就汗流浃背。给有的舞蹈小演员设计的技巧和动作相对较难，否则不能凸显主题和人物需要以及高潮的营造。我只能亲自示范，与他们一起在地上摸爬滚打，还要操练所需的毯子功，可见多难。

孩子们都是独生子女，在水泥地上稍有闪失就会摔伤或磕伤，那怎么对得起孩子和家长，我的责任重大呀！可是不能不严格要求。为了达到节目的要求，高难度动作我就使尽全力保护着他们练。每天汗水像小溪顺着脸颊往下淌，滴落在地上就湿成一大片。那时的孩子也真能吃苦，他们挥汗如雨，头发全湿了，贴在小脸上，一张张脸像红透的苹果。我常常忍不住把他们搂在怀里，亲着他们湿漉漉的小脸蛋，不停地打气、表扬。他们的勤奋也鼓舞着我。就这样，我们的节目总在一天天提高和推进。

这段时间，在执着、奋不顾身的排练中，我自己的孩子在干吗？他晚上有饭吃吗？琴弹得怎么样？作业完成了吗？我全然顾不上，突然一种强烈的自责、内疚涌上心来，一想到常常没有时间管我的孩子，我忽略了对他的爱，心里的难受和挣扎像山洪暴发，几乎把我淹没。我恨不得把录音机砸了来宣泄心里的失衡，真是顾此失彼啊。

每天该吃饭时我在排练，饿得头昏眼花，眼前直冒金星。手里拎来拎去的录音机，伴着我从家里到少年宫，到各幼儿园，沉重得要折断了手臂，有时我真想扔了它，不再排练，我要奔回家，去寻找我的孩子，把他紧紧拥在怀里，弥补近些时候对他缺失的关爱。

忽略孩子的同时也冷落了我的先生，他的工作也忙，事业正如日中天，刚刚完成中央电视台的第四届全国青年歌手电视大奖赛乐队指挥，回来后又忙着投入四川的大型演出中，父子俩常常没饭吃。在川音的操场里游荡，筋疲力尽的他也懒得动弹，家里的矛盾一触即发。作为人母、人妻的失职，遭到了亲人和朋友们的严厉指责。这时我真后悔当初的选择，它在动摇我追逐事业的信心和决心，从而会产生一种不可遏制的顾虑和焦躁，加之先生的父母亲对我也很不理解，批评和责难在发酵……

事业和家庭发生矛盾的时候，往往让人处于进退维谷的境地。但我骨子里有一种执拗的性子，只要认定的事情，只要是热爱的事情就要坚持到底，哪怕粉身碎骨，哪怕燃尽自己，烈焰过后都是灰烬。我竭尽全力去兼顾好两者，自己累得狼狈不堪也在所不惜。我觉得我已形容枯槁，灰头土脸，像一个十足的舞蹈疯子。

时间一天天过去，节目在反复修改中也在一步步提升。周老师和大家都肯定了我的作品，预见到它将呈现出的舞台效果，这是给我的最大力量和慰藉。

幼儿舞蹈的服装、道具、布景，在人才济济的幼儿园教师手中，如五彩缤纷的花朵，在我的面前绽放。一个个都是能工巧匠，她们做的东西比专业还专业，比真实还真实，我们都赞不绝口，触摸一下都舍不得，生怕碰坏，大家目不转睛地欣赏着，生怕一眨眼就会消失。舞蹈是门综合艺术，这对我们舞蹈的陪衬和烘托起着至关重要的作用。

我突然感到我并不孤单，我后面是一个群体在作战，他们默默无闻地奉献，他们对事业对孩子的热爱极大地鼓舞着我，我只能把晚会搞好，绝不退缩。

专场晚会进入倒计时，十二个节目全排出来了，不同题材、不同风格、不同结构、不同语汇、不同手法。审查的时候，以周诗蓉老师为首的专家和有关领导给予了充分的肯定。最为独到的是周老师慧眼识珠，找了一个年仅四岁的小男孩卿恩威来主持，那之前从未见过男孩子主持节目的，都是用的"小公主"。

恩威长得虎头虎脑，十分可爱，口齿伶俐，聪明绝顶，虽然不懂报幕词的意思，但在老师的辅导下背得滚瓜烂熟，十分流利，肯定会给演出加分。

我们大家在紧锣密鼓废寝忘食的紧张中迎来了"六一"演出盛典。

"六一"是孩子们的节日，全世界的儿童在这一天都欢天喜地以各种方式庆祝自己的节日。参加演出的小朋友是用他们艺术表演的独特方式过节的。上午走台，下午稍事休息，紧接着就用餐，化装，准备登台。小演员们很兴奋，他们知道用自己的辛劳在国际儿童节里给小观众献上一台艺术盛宴是件非常有意义的事。

省、市电视台早就架好了摄像机，将全程录播。周诗蓉老师请来了省、市有关领导，舞蹈专家、编导、舞校教师，各幼儿园、少年宫、小学的观众代表。

早年的新生剧场坐落在西御街闹市中心。剧场外悬挂的大红横幅，书写着"彩色的爱——罗彩文个人作品专场"引来好多人驻足观看。七点不到，剧场外就已聚集了舞蹈界、教育界的同人、小朋友和普通观众，其中不乏凑热闹的、看稀奇的、疑惑的。罗彩文能排出什么专场来？周诗蓉搞什么名堂？搞了个何川、张平的专场还不够，又弄个儿童舞蹈专场？

有人带着疑问，一边议论一边观望地走进剧场，首先为之一震，映入眼帘的大幕，一反传统剧场黑色或深红色的沉闷厚重，变成了白色的新颖大幕，四个色彩斑斓的儿童字体"彩色的爱"歪歪斜斜调皮地摆放在大幕上，像要挑战似的。他们面面相觑，欣赏着周老师这一杰作。独具匠心的第一道大幕就把大家带进了专属儿童的艺术殿堂里。始料不及的是剧场早就座无虚席，连过道上、观众席两旁、后面都站满了人。当美女主持余飞燕和四岁的小恩威上台时，观众席上爆发出了热烈的掌声。恩威一开口，顽皮可爱和伶牙俐齿就笑翻了全场，把专业主持的戏全抢了。

十二个题材各异、风格不同、有着浓郁儿童特点的舞蹈节目依次登场，《泥娃娃》一下把观众带进了浩瀚的星空里，他们的思绪，也跟着太空人一起去悦纳星辰，悦纳天际，憧憬未来。

《绿色的希望》在二十五年前就把环保这个重大题材推到了观众的面

前。环境是我们赖以生存的基本条件，如果环境被破坏了，还谈得上社会的发展、人类的文明吗？遗憾的是，我们儿童节目的呼唤太微弱有限了。当下，为了经济的腾飞和GDP的增长，是以牺牲了环境为代价的，破坏环境的现状比比皆见，多么令人痛心啊！

《玩具钟表店》是受一首外国儿童乐曲的启发编创的。台上的小朋友组成了各种形状的钟表造型，最后摆成了一个圆的大型时钟，一人伸直手臂在圆心中像指针在分分秒秒前进，圆圈外的小朋友甩开手臂，迈开双腿在与时间赛跑时，台上台下"加油！""加油！"的喊声汇成了一曲交响乐，在剧场里回荡！它教育小朋友要珍惜时间的主题在活泼欢快中生动展现。

《鹬蚌相争》是用寓言编成的三人舞蹈。最后渔人把它们生擒活捉的故事情节，小朋友一看就明白。这个节目我借鉴了戏曲的形式，并把渔夫的动作加上了川剧丑角的元素，使人物更加风趣、幽默，让人捧腹。鹬和蚌争斗的高难度动作就是在水泥地上练出来的。这里要提及的是，功夫不负有心人，饰演"蚌"的小女孩王枫在我们这个节目参加北京第二届中国艺术节时被空政文工团一眼看中，后去了空政舞蹈队，现在在澳大利亚墨尔本一个现代舞蹈团担任团长。

《小小粉刷匠》是我有感于改革开放后，座座高楼拔地而起，应运而生的装饰行业蓬勃发展而创作的，讴歌粉刷工人们为城市建设付出的辛劳。由于是儿童舞蹈，我突出了他们在劳动后个个小脸都变成了白鼻子花猫的可爱模样。

《原上草》是根据古诗"离离原上草，一岁一枯荣。野火烧不尽，春风吹又生"创编的。舞蹈中我大胆地用了地面翻滚的动作来形容草地被烈火吞蚀、烧焦、烧卷、燃尽的场面。忽然阵阵春风吹来，春回大地，如残如殇的原上草以它顽强的摧枯拉朽的生命力破土而出。一根两根，一片两片，染绿了整个草原。舞蹈动作形象逼真地诠释了"野火烧不尽，春风吹又生"的磅礴气势和凛然场景。我用大面积挥舞的红绸来表现烈焰难挡的狂飙,大地在震颤、在荒芜、在悲泣。最后苍翠的绿色势不可当葱茏了大地。一个儿童舞蹈能呈现这样的主题和场景,观众无不为之叹服。之后我们在北京演出时,时任中国舞协主席的游惠海老师动情地说:"我以后成立个儿童舞蹈团,名字就叫原上草舞蹈团。"在《中国舞蹈大辞典》担任主编的专家徐尔充、隆荫培老师还把此舞的剧照用在了封二上。

《我和小伙伴一起飞》是一个羌族儿童舞蹈,是我和周志建老师共同创作的。放飞风筝这一情节,反映一个双腿残疾的儿童与健康儿童一样具有远大理想和志向。其中用了羌族特有的肩铃技巧,当残疾儿童把风筝放飞到蓝天白云间时,小朋友一起甩起肩铃,表现出他们兴高采烈的欢悦心情。这肩铃可不是一时半会儿就能甩成圆圈的,孩子们苦苦训练了好几个月,连吃饭、走路都在练,否则很容易缠在身上甩不起来,事倍功半,功亏一篑。

最后我想说说《爱》这个舞蹈,它表现一个失去妈妈的小朋友在幼儿园得到了老师慈母般的爱和小朋友们情同手足的关爱,让爱把小小心灵的伤痛和悲哀融化。

当一个弱小的幼儿手臂上缠着黑纱,哭泣着走进幼儿园时,老师见状似乎明白了什么,迎过去一把把她紧紧搂在怀里。

老师高高地举着小女孩,思绪万般倍加疼爱地旋转着,最后把她放在腿上,满脸泪痕的小女孩依偎在老师身边的造型,让观众无不为之动容。在老师的带领下,小朋友们懂事地带着小女孩做起了游戏,排遣着她的悲伤,他们和老师用爱为小女孩编织了一个温暖的"家",在浓浓的爱意中舞蹈结束。这是一个比较内敛和抒情的节目,它给观众带来对人性的思考、对大爱的启迪。

当然整个晚会是在《北京喜讯传边寨》的高潮气氛中结束的,穿着燕尾服的小指挥把全场的情绪点燃了,观众一直合着欢快的节奏鼓掌,掌声和叫好声汇成了欢乐的海洋。晚会获得了圆满成功！

"亲爱的老师们，小朋友们，你们想知道这台晚会的编导是谁吗？她就是罗彩文老师。"我在恩威稚嫩且悦耳动听的介绍声中，在手举鲜花的上百个小朋友的簇拥下，款款登场，向前来观看演出的观众深深鞠躬致意！

拍照的、摄影的、献花的、要签名的，把剧场挤得水泄不通，这时话筒里宣布：请观众退场，请主创人员到后台开紧急会议。

我好不容易挣脱观众和家长的堵截来到后台休息室，只见周老师陪着一位仪态高贵大方，略显富态、很有身份的干部模样的女士正在高兴地攀谈。周老师见我进来，马上介绍说："这位是文化部少儿司范司长，她今天到四川来巡视工作，特地来观看了我们的晚会。"谈话间，人都到齐了，周老师向大家介绍范司长后说："请范司长做指示。"范司长在大家的掌声中，满怀兴奋地说："第一，首先祝贺大家今晚的演出非常成功。我到过许多省、市，在文化部少儿司工作了这么多年，第一次看见这么一台高水准的、有思想性、有教育性、有儿童特点、有艺术性的丰富多彩的节目。感谢罗彩文及主创们的辛劳创作。第二，我决定调你们这台晚会八月底到北京演出，好好宣传宣传！"哇，大家喜出望外地欢呼起来，真是出人意料又梦寐以求。"第三，你们在周老师指导下再好好排练，进一步修改、提升，向首都、向全国人民做一个更好的汇报！"

大家激动得拼命鼓掌，由衷地感谢范司长的知遇之恩，感谢范司长的有心提携和委以重任！

是啊，成功和付出如影随形，今天的努力是为了迎接繁花似锦的美好明天！

又是一个无眠的夜晚，却是释怀后的轻松舒展。

## 《彩色的爱》誉满京城

经过大家的努力，节目也有了更大提高，一切基本就绪。为了确保晋京演出的质量，周老师特别请来了当时最好的舞美设计师叶进，四川最好的灯光师马道良，最好的音响师邢元龙，为每一个节目设计了精美方案，舞蹈本是综合艺术，这些都让节目如虎添翼，增色不少。

孩子们小，尤其是幼儿只能承担一两个节目，这样一来队伍就很庞大，加上生活老师总共一百好几十人。原本音乐制作、服装道具制作等大部分经费都由各单位分担了，可上北京的路费、场租费、北京市内交通费都是一笔不少的数目。吃、住倒是由文化部少儿司解决，全部住文化部机关幼儿园，又集中又安全，吃得好，排练又有教室。可其他的钱从哪儿解决呢？演出时间已迫在眉睫，真是心急如焚。我们到处化缘都无果，我开始垂头丧气。周老师说："实在无法解决，我就拉横幅到人民南路去募捐，为了我们的儿童艺术，我们豁出去了。我就不相信老百姓不支持！"听了周老师这席话，我既感动，又像看见了曙光。我和石妙川当即表态："我们去拉横幅。"石油总机械厂幼儿园园长朱妈、日杂幼儿园简老师、川音幼儿园园长胡红、军区幼儿园园长等也附和："我们都去。"

其实像周老师这样的高人，她心里已经想好办法：找组织，找相关部门！儿童强，则中国强！儿童志，则中国志！儿童的事业总有志士仁人会肯定，会支持。

她充满底气地跑到市委宣传部、市财政局去一一说服他们。当时在任的有关领导也确实是有水平、有眼光、有胆识的。他们知道培养下一代是国家的重任，儿童就是国家的未来，培养他们就是培养国家的栋梁，为孩子们创造精神食粮是义不容辞的己任，因此毫不推诿。一两天之内就把所需的经费批下来了，真是天助神速啊！

终于，我们的队伍在市委宣传部陈浩东副部长、文艺处雷兵处长、市文联罗全书记、市教委关主任等有关领导和周老师的带领下，浩浩荡荡向北京进发了。

文化部全国少儿艺委会、中国舞蹈家协会、成都市委宣传部、四川省军区、成都市文联、市教委（当时的教育局）、市文化局、市舞协八家单位在北京西单民族文化宫剧场联合举办了"彩色的爱——成都市儿童舞蹈专场"。宣传攻势先声夺人。剧场外的巨大红色横幅在夏日阳光的照耀下流光溢彩。广告橱窗里张贴着我的大幅头像，下面文字是对我个人的介绍。紧接着是整台晚会的各种情态、各种色彩、各种造型的生动活泼的剧照。远远地就吸引着人驻足观看。八个主办单位赫然醒目地吸引着人们的好奇目光："谁呀？一个作品专场这么多著名单位主办？"担任舞美工作的是顶尖的中国歌剧舞剧院舞美队。

这个阵容着实吓人，不仅抬高了这台晚会的规格，也抬高了我这个无名小辈的身价。可见当时的全国少儿艺委会、中国舞蹈家协会等八家单位，对儿童的文化工作战略眼光是多么远大。他们是通过宣传这场演出来发动更多的儿童舞蹈工作者为孩子们多出作品，多出精品，丰富儿童的文化生活，引领儿童们向更高层次进发，以取代当时由于作品匮乏而充斥在儿童生活里的种种成人爱情歌曲和文化垃圾。

舞蹈輔導老師
陳學瓊　林永紅　蔣莉　王薇
丁正勤　胡紅　簡安瓊

舞美設計　葉健
燈光設計　馬道良
服裝設計及制作　羅彩文　高年英　簡安瓊
報幕　郭津　青恩威
舞臺監督　羅彩文　夏克忠
前臺主任　石妙川　陳學瓊
后臺主任　朱臻　陳雲秀　朱小黎　尹菊蓉
燈控　李兵志
劇務　石妙川
攝影　張金智
中國歌劇舞劇院舞美隊協助演出

　　承辦單位
成都市錦江區青少年宮
成都市幼兒師範學校
成都市群眾藝術館

　　參加演出單位
成都市錦江區青少年宮
成都石油總機械廠幼兒園
四川省軍區幼兒園
四川音樂學院幼兒園
成都市日雜公司幼兒園

　　鳴謝
成都市財政局
四川省軍區
成都市話劇院
中國兒童少年活動中心
中國歌劇舞劇院
文化部幼兒園
成都市青少年宮

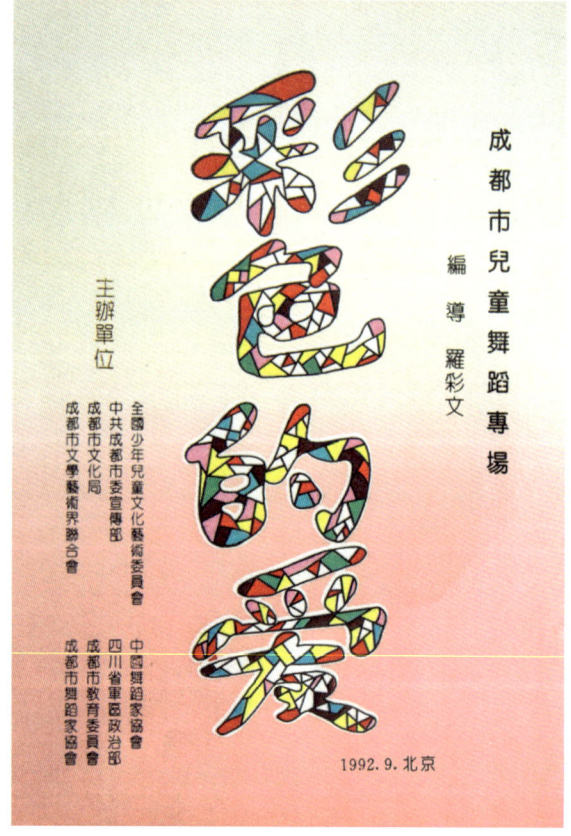

《彩色的爱》节目单

我深感我们肩上责任的重大和非凡的意义。这是我们儿童艺术工作者义不容辞的神圣使命！

那天晚上，一走进首都的艺术殿堂，一种自豪感、荣誉感油然而生。大家互相打气："一定要演好，千万别紧张，要拿出最好的精神状态，献给首都儿童和观众。"老师们还带着各种小礼物和糖果在孩子们面前晃动："谁今晚跳得最认真，最好，就奖励谁。"演员有一半毕竟是五岁左右的孩子，他们不懂更深奥的道理，这一招果然奏效。晚上的演出格外来劲，表现得特别特别卖力。其实糖果刺激，事小，从小培养他们的集体荣誉感、认真努力的态度和满满的自信心，事大。

演出前，周老师做足了功课，为了这台节目真是煞费苦心。她不仅自己冒着酷暑，在火辣辣的阳光下四处奔走去给舞蹈界的泰斗们、专家们、新闻媒体、儿童舞蹈界同行们送票，还把大名鼎鼎的舞蹈评论家徐尔充、隆荫培教授动员起来一起去行动。功夫不负有心人，当天晚上的演出盛况空前，剧场内外聚集了各路精英。做梦都想不到的是我们国家的舞蹈鼻祖、敬爱的吴晓邦老师坐着轮椅也来了。还有舞协主席游惠海老师，副主席白淑湘老师，中国舞蹈研究所所长董锡玖老师，中国舞蹈界的理论家、编导家胡尔岩老师、孙天路老师，北京舞院的院长吕艺生老师、《舞蹈》杂志的总编王同礼老师，中国舞协组联部主任王金山老师，文化部少儿司司长范丛燕老师，少儿司副司长申溪老师，少儿舞蹈界的专家金英华老师、张先敏老师、杨书明老师（已故）等，徐尔充、隆荫培老师还热心地帮忙介绍招呼、接待。文化部少儿司的陈云富处长、韩维鸣老师等则作为主办方台上台下忙前忙后。刹那间，作为一个小人物的我被这前所未有的大阵仗震晕了，傻傻地不知所措，瞬间我强迫自己冷静下来，晚会的成败就在这一搏。我赶紧调整到正常状态，作为编导和舞台总监去执行我的艺术职责。

我拿起对讲机，询问各部门的准备情况，准备时间一到就发令开幕。

中国舞协主席白淑湘与小主持人恩威

这时中央电视台的晚间新闻记者向我奔来,要我到剧场坐在观众席上拍一个宣传镜头。我本能地摇摇头,开演在即,我下去照相,舞台上这帮业余小演员和老师们又没见过世面,看不见我一定会慌了阵脚,乱了方寸。

我深表歉意地谢谢了他的好意。我想一切都不重要,保证演出顺利才是头等大事。

节目一个个顺利进行,观众席里时不时爆发出雷鸣般的掌声和会意的笑声,使我提到嗓子眼儿快跳出胸膛的心有了些微的放松和镇静。随着舞蹈的跌宕起伏,观众感受着节目的题材、探索与审美,甚至被节目的童真、童趣所感染,大家仿佛回到了童年,情绪如大海的海潮拍打着礁石时进时退,但都与孩子们一起共乐共笑,同感同泣。

▶ 《彩色的爱》誉满京城

《彩色的爱》在北京演出圆满成功

演出后

演出结束了,大家还沉浸在对节目的陶醉和品味中……终于爆发出经久不息的掌声,为演出的成功道好贺喜!领导们、专家们纷纷走上台来与全体演职员合影。白淑湘老师喜爱地抱起了小主持人恩威。周老师则拉着我风尘仆仆地出现在大家的视野里。大家向我鼓掌,挥手。喜悦的泪水模糊了我的双眼,我只会频频鞠躬,喃喃地说:谢谢,谢谢。此情此景永远融化在我的生命里。我被簇拥在小朋友的鲜花丛中,鲜花在怒放,精神在昂扬。这一刻定格在首都北京民族文化宫的艺术圣殿中,为民族文化宫的璀璨瑰丽增添了一笔少儿舞蹈艺术的斑斓色彩。

振奋人心的是中央电视台《晚间新闻》向全国人民报道了这台晚会在首都上演的盛况,让全国人民都知道了文化部少儿司、中国舞协等单位为这台晚会组织了一系列高规格的作品。

拉着小朋友的手走上舞台谢幕

▶ 《彩色的爱》誉满京城　　075

圆满谢幕，我激动地抱起小演员。

谢幕合影

其后的研讨会是在文化部少儿司的会议室进行的，那天观看了演出的所有专家领导在百忙中抽出时间悉数莅临。范从燕司长、游惠海主席亲自主持，各位专家济济一堂，共同评价了这台作品，同时讨论了儿童舞蹈的现状、发展方向，研究了儿童舞蹈的创作手法等学术问题。

首先大家对节目进行了充分的肯定。尤其对它题材的多样化、儿童化、现实感、趣味性、童心童真、寓教于乐，各抒己见，各表所爱。几乎每个节目都有人从不同角度表达了赞同和喜欢。

对《种太阳》《泥娃娃》的创意，对《原上草》的表现手法，对《北京喜讯传边寨》的童趣，对《我们都爱大熊猫》《绿色的希望》的现实意义和时代感，对《玩具钟表店》的洋为中用，对《我和小伙伴一起飞》《明明与孔雀》和《爱》所表现的人性美和爱，对《鹬蚌相争》里把戏曲形式与舞蹈相结合和对民族艺术的传承，都一一做了详尽的点评。有老师还对舞蹈《爱》里所表现的死亡与爱在儿童舞蹈里出现的大胆突破和勇气表示赞许。

在文化部小会议室召开学术座谈会

专家们手拿节目单在对作品逐一热烈讨论时，对我们创作的严肃认真的态度也非常认可，他们发现我的所有作品（除《玩具钟表店》外），音乐都是原创的，而且里面不乏著名作曲家参与，如著名作曲家、后任川音院长的敖昌群，作曲系主任宋名筑，指挥家、后任川音管理业务的副院长李西林，峨影乐团作曲家刘祖培等，里面还有以儿童舞蹈作曲见长的罗承德。大家交口称赞："不容易啊，没有一个是剪辑的，就连徐沛东的《种太阳》也在原有的旋律上根据舞蹈作品的需要和升华进行了再创作。"

研讨会上，范司长和游主席代表文化部全国少儿艺委会和中国舞蹈家协会为我颁发了"为儿童舞蹈事业多年辛勤耕耘做出突出贡献"的荣誉证书。时任市委宣传部部长、后任省委宣传部部长的王少雄也赶来北京祝贺。当天各种报纸对《彩色的爱》和我个人的报道，铺天盖地。《人民日报》海外版、《中国教育报》《中国文化报》《解放军报》《中国青年报》《文汇报》《中国妇女报》《北京日报》《四川日报》《成都日报》《舞蹈信息报》等，标题个个都是那么醒目、震耳，如《为儿童播种太阳》《一个播种太阳的人》《四川儿童舞蹈，誉满首都京城》《儿童舞蹈的新坐标》《未泯的童心，彩色的爱》等。这些高度评价不仅让人迷醉，甚至让人觉得有些癫狂，又像站在梦的边缘，觅到一个熠熠生辉的灵魂，跟自己一起去面对这奢华的荣耀！呵！赞美真好！它实际在正面涤荡你的心灵，让你更加纯净，更加充满"彩色的爱"，用爱去坚定你的事业，用爱去拥抱人性，用爱去拥抱世界！

在锣鼓喧天的迎接中，我们的队伍平安凯旋。第一次带那么多的孩子，第一次带那么大的队伍，我的意识和思想全部用在了演出中，事后我才反应过来，周老师紧绷的神经有多紧张，这不光是这台晚会成败方方面面的问题，小朋友的安全头等重要，每一个孩子都是独生子女，这牵动着多少人的心，家长、亲友、老师、单位领导、社会，周老师每天脚趾尖都抓紧了。她除了实际上担任总指挥、总策划、艺术指导、总统筹、总联

文化部少儿司司长范丛燕、中国舞协主席游惠海给我颁发"为儿童舞蹈事业多年辛勤耕耘做出突出贡献"荣誉证书。

与文化部少儿司司长范丛燕、中国舞协主席游惠海交谈。

络、总宣传等外，安全！安全！是她最揪心、最牵肠挂肚的。如果出了一点点安全差错，她要负多大的责任啊。每天晚上她几乎彻夜难眠，要把第二天的全部事宜在脑子里反复过滤，做到万无一失。她对事情从不妥协怠慢，永磨不平的棱角，勇往直前的闯劲，像一个统帅带着大家，向成功的目标前进；又像一个旗手举着高扬的大旗，昂扬着大家的斗志，向胜利的终极目标挺进；更像一个号手吹响那艺术集结的嘹亮号角，鼓舞着大家向艺术的高峰勇敢攀登！

可是这样一个人，你翻遍了节目单、报纸、宣传资料，却没有她的名字和踪影。她把所有的头衔从节目单上撤下，她婉拒媒体的采访。在任何公众场合，她总是坐在后面，静静地仔细倾听，默默地深思熟虑。弘韬战略，深刻酝酿，运筹帷幄。此时的她沉静得像一名观众，一位过客，她坐在那里又像一尊雕像，美丽、大方、端庄，不得不说，她的人品、美德、做人的低调，潜移默化地深深影响着我。可以说我是站在她的甘为人梯的肩上去夺取胜利的，她就是我一辈子都感激不尽的恩师。

由于演出的成功，归来后，成都市委、市政府、市委宣传部召开了表彰大会，特别表彰了我，表彰了参演单位和每个付出了辛劳的演职员们。

当年，我被评为"四川省三八红旗手""四川省巾帼建功先进个人""四川儿童文化先进工作者"。这些荣誉在我身上闪烁着耀眼的光芒。回到学校，辉煌过去，一切平静如故。

校园一派姹紫嫣红，鲜花中弥漫着沁人心脾的芬芳。我呼吸着空气里清冽的甘甜，接受着大家真诚的祝福，一种恬淡的幸福感充盈在心中。天时、地利、人和促成了一件大事的完成，翻过那一页，回归平淡。我调整好自己的心态和状态，重新投入平凡而伟大的教学工作中——教书育人！去做好"人类灵魂的工程师"，这同时也是一名普通"园丁"的本职工作。

## 马不停蹄

一九九三年，成都市决定主办国际熊猫艺术节。艺术节包含拯救国宝的国际学术研讨会、联合国援助筹款活动和一场有一万人参加演出的大型广场情景舞，作为艺术节的开幕式。

我受命和朱秋萍担任第二场《李冰治水》后半部分《宝瓶吐翠》的编导。《宝瓶吐翠》表现李冰父子治理水利工程后受益的川西平原一片葱茏，良田万亩，熊猫在绿水翠竹中自由地生息繁衍，尽情享受大自然赋予的晨曦朝露、风和日丽。

我们这一段在李冰父子战胜大自然的恢宏激烈场面之后。三千名少女身着绿色长纱裙，婀娜多姿的身影，像瀑布一泻千里倾洒下来，把大地染成一片翠绿，东方出现了生命的绿洲。美丽的少女与可爱的熊猫共享艳丽阳春，那情、那景、那美，让人震颤，令人窒息。

观众席爆发出由衷赞叹的掌声。

溪水在春绿间酣畅流淌，翠竹在春风中拔节摇曳，熊猫在春日里慵懒嬉戏。这是对大自然的迷醉，是对大自然的喜爱，是对美的永恒追求！我终于明白了，人类对大自然的爱不是矫情，不是奢望，是生命本能的渴求，是对生命的讴歌礼赞！

通过国际熊猫艺术节去唤醒人们的良知吧！去保护大自然，去保护生态环境，与大自然和谐相处！去践行自己对生活、生命的憧憬和热爱！

我是用我最大的责任心去完成这一工作的。当时，我的父亲患直肠癌已病危，为了不影响演出，我坚持把这一场排完，并通过了审查才赶回老家的医院。可父亲却永远闭上了眼睛，我未能见上他最后一面。对于家庭，我其实是一个不称职的女儿，一个没有尽好孝心的人。我常常想，难道我只能把我的爱全部奉献给工作，奉献给社会吗？我很困惑，不知怎样才能摆正这一关系。

担任国际熊猫艺术节分场编导和世界杯外围赛中场表演的导演后，在广场艺术上崭露头角的我在原国家队主力朱平和陈玲女士的力举下，被中国足协选中担任首届中国足球由运动队改为俱乐部建制的甲A联赛开幕式总导演。因为中央电视台要对全国观众现场直播，BBC向全球现场直播，所以投入排练前，演出策划方案要经中央电视台、中国足协严格审查。表演时间为十分钟，这十分钟的开幕式一定要有创意，好看、紧凑、精美、大气。

这真是一道大难题。我绞尽脑汁，煞费苦心地想尽方案，而且要从中找准某种象征意义的阐述，是"千江有水千江月"还是"万里无云万里云"？从哪里着手，从何处切入？接手了这个烫手的山芋才感到压力山大。焦灼纠结，我又陷入了痴狂的状态。

睡觉、走路、吃饭都在思考这个事情，都在苦寻突破的手段。足球体育场那么大的面积，几万观众观看，人少了没有气势和氛围，要表现足球运动员的彪悍气质，又到哪里去寻找那么多男演员呢？我终日徘徊在创作的冥思苦想中……终于想出了一个大家拍案叫绝的方案和表现手段，并且被中央电视台和中国足协审议通过。

我决定用数百名武警战士穿着各俱乐部的运动员服装来替代运动员出

场和表演。中国足协领导讲完话,司仪一宣布开幕式表演开始,他们旋即转换角色,这出人意料的一招果然让人惊讶!瞬间由旗手由运动员变为表演者。精彩纷呈的画面,整齐划一的动作,矫健雄壮的步伐,威武迅猛,帅气逼人。他们平时训练的前倒、后倒、武打、擒拿、攀缘等高超绝技得以在此发挥作用。

当他们举着10×10米的俱乐部大旗进场时,英姿飒爽,精神抖擞,步伐豪迈。10×10米的俱乐部大旗,只有年轻力壮的他们才舞动得起来。整个十分钟表演分三段:第一段"运动员的风貌"表现运动员的钢铁意志和不畏艰辛的刻苦训练,以及作为国家足球运动员的光荣和自豪、立志为国争光的精神面貌;第二段"翻飞大旗"表现体育健儿在改制后的振奋和喜悦,那面面大旗在运动员的震天呐喊声中,翻卷、滚动、起伏、荡涤,如海啸般在上空掠过,如龙卷风在场上席卷,那排山倒海的气势几乎

甲A联赛开幕式,与导演朱秋萍和参演的武警战士合影。

让观众喘不过气来；第三段"勇攀高峰"，因为是俯瞰艺术，由各俱乐部的大旗组成了一座大山的造型，中国足球运动员高举的五星红旗在山顶上迎风飘扬，预示着中国的足球一定会攀上世界足球的高峰。当然这是艺术也是全国人民的心愿，观众很惊叹，运动员还会跳舞并技艺超凡。体育场巨大的屏幕上打着"编导罗彩文"，我很欣慰和自豪，能为祖国的足球运动出一份绵薄之力，尽一份无私的贡献。

当比赛开始，主场队四川队和山东队"开战"，狂热的观众被两队的搏击点燃，四万多人的看台上，"雄起，雄起，四川队雄起！"喊声一浪盖过一浪，震耳欲聋。观众像有组织的一般，看台上轮番此起彼伏地起立摇旗呐喊，犹如海潮拍岸惊天，实在壮观。

不无遗憾的是，中国足球至今仍然没有起来。中国有十三亿人，有三亿多儿童，我们从儿童扎实抓起，一定会有希望，让我们翘首盼望中国足球崛起的那一天！

## 借调深圳

因这一系列的活动，一九九五年暑假，深圳海洋音响出版社决定出版我的儿童舞蹈教学录像带，于是我飞到了深圳。在录制节目过程中，我认识了深圳南头小学（后更名南山实验学校）的校长李先启，他们学校需要一名舞蹈编导。早有人向他推荐过我，一经接触，相见恨晚。他马上邀请我一起去见时任南山教育局局长的刘迅，刘局长是英国留学回来的博士，当时深圳经济已开始腾飞，而文化教育相对滞后，甚至被称为是"文化沙漠"。年轻的刘局长宏图在胸，急于改变这种状况，在全国招聘吸收优秀人才。

刘局长跟我见面后，马上表态调我去深圳并给我专家待遇。看他们那么迫切，动了真格，我反而犹豫了。首先，我得又一次与好不容易聚到一起的家人分开，当时分开多年的儿子也刚从德国回来探亲。其次，我得离开我已干得得心应手的成都幼儿师范学校。况且学校把我当成骨干，不一定放我。还有，我人到中年，独自一人去深圳闯荡能适应吗？这一个个问号在我心里纠结盘旋。最后，盛情难却，我答应他们先想法请假去南头小学干一年，看彼此是否投缘。这样双方达成了共识，九月份开学到那边走马上任。

九月，成都这边开学了，在新上任的年轻有为的雒蕴平校长领导下，新学期新气象，大家积极性高涨，成天忙前忙后，忙得我竟把去深圳这么大的事遗忘了。李先启校长打来电话，说把飞深圳的机票都帮我预订了，我这才恍然想起。他们看我很为难，就说："你来个十天半月，了解了解情况也可。如不适应随时走人。"见他们这么有诚意，我反而不好意思了，心里暗下决心找个理由请假走一趟。当时远在德国的儿子邀请我们去探亲，借此理由，我请了一学期假去了深圳。

李校长确实践行了诺言，吃、住、行都以专家待遇安排，还特地派了年轻能干的孟彤老师给我当助手。放下行李还未来得及环顾一下环境，我就一头扎进了排练场。

他们已在全校挑选了十几个孩子，在舞蹈教室等着。我看孩子们个个机灵、乖巧，打心眼里喜欢，再看看她们的条件，人人都是舞蹈苗子，只是没什么基础。俗话说，白纸好画画，正好教她们。我让她们活动完后做些基础训练，就试着教几个动作，看看她们的反应力、模仿力和舞蹈感觉。这些孩子父母大多是改革开放的排头兵。作为特区首批引进的各行各业精英骨干的后代，她们还真是美丽聪明，学东西也非常认真。这增强了我教好她们的信心。

一星期后，我排的彝族舞蹈《红披毡》接受校领导的审查，负责全面工作的李校长、黄校长来了，还有教导主任陈宝莲。陈主任我是第一次见，她白净、端庄、优雅，打扮很是得体，一看就是名门贵族的后裔。果然她一家都是中国香港知识界的名人。他们全神贯注地看了学生的汇报表演后，个个赞叹有加，都说："这么短时间就把这个难度较大的舞蹈排出来了，不容易。"当然也表扬了学生们的努力，最后是勉励强调，"有这么好的专家教你们，一定要珍惜，要学到更多的东西。"

学生们跳得大汗淋漓，张张小脸像熟透的苹果红彤彤的，汗水顺着脸颊大滴大滴地滴落到地板上，听着领导的话，一个劲点头，可爱极了。我赶紧说:"大家歇会儿,喝点水,擦擦汗。第一次跳节奏这么欢快的舞,太累了吧,不错不错。"

领导们让她们回教室拿书包放学,我们则留下交换意见,他们一一向我介绍这些学生的情况,包括在班上的表现、学习成绩、父母的职业等。当然舞蹈水平是不一致的,其他方面也各有差异,共同的是:她们都喜欢跳舞,对跳舞有兴趣。这就够了!我会因材施教,并根据实际情况制定一个教学方案和目标。

我很喜欢这个学校的氛围,李校长很有领导水平,且有前瞻眼光,他很重视素质教育,很重视人才,把几位副校长团结在一起,形成了学校的核心力量,为把南山实验学校创办为全国名校,立下了赫赫功劳。李校长还专门给学校后勤主任打招呼,周末罗老师要去哪,派司机随行。生活上要安排好,需要什么就去买。在成都我还没受过这个礼遇呢!真是关怀备至!

特区对于我,一切都是新鲜的。两周刚过去,一天,我突然接到文化部少儿司逯逯老师的电话,她一直打电话从四川追寻到深圳。她了解了我的近况后,单刀直入地说,部里有个任务,你能否带一个团,明年夏天代表中国到非洲访问演出,同时赴法国参加圣麦克桑国际儿童艺术节。非洲从外事上是我们需要团结的对象,我国申办奥运会需要他们投票支持,希望你们能完成外交部这一重任,部里了解你的水平和能力。

我当然梦寐以求,能代表国家去完成这一任务并参加国际艺术活动,真是无上荣光!虽说时间紧,但再大的困难我都能克服。我告诉逯逯老师,当下我就去向学校领导汇报。果然,非常有远见的李校长当即拍板:"没问题!"下午就带着我去找刘迅局长汇报。因为是国家的外事任务,刘局长当着我们的面,马上给深圳南山区委书记报告,书记也立马表态支持。这么大的事,一两个钟头,几个电话就解决了,天!我从心里惊叹,真是特区风格、深圳速度啊!

我心里还在错愕，刘局长就已做出决定，由教育局田局长带队，与李校长和我，三人明天直飞北京，亲赴文化部接受任务。

在逯逯老师引荐下，我们拜见了文化部外联局的有关领导和民间交流处处长李学惠，他们亲自给我们介绍了这次出访的政治背景和重大意义，特别强调这是中国第一次委派少儿艺术团出访非洲，加上深圳和多哥的首都洛美是友好城市，所以意义重大，选中我们是对特区的高度重视和信任。结束非洲的访问后赴法国参加国际儿童艺术节，希望我们能完成好这一外事重任，并表示文化部将委派李学惠处长和翻译王眉同行。

田局长和李校长激动地接下部里的委派书，并再三表态，保证一定完成好这一光荣使命！

我们回到深圳后，两位领导赶紧向市里、区里有关上级汇报并积极制订出详尽的计划方案。

我这边则抓紧排练全场的舞蹈，还要准备间场的器乐和声乐节目。掐指算来，离出国时间只有十个月，这十个月要拿出一台像样的节目，担子不轻，好在我有三十年的舞台演出和教学编排经验。我胸有成竹，只是时间紧迫，必须争分夺秒。

经过几天的深思熟虑，一台晚会的总体构架就出炉了。

一共八个具有中国民族民间特色的儿童舞蹈。为了有抢妆和迁换的时间，以及让晚会更丰富多彩，我计划在舞蹈节目之间安排器乐、男女声独唱、武术来间场。鉴于南头小学没有音乐专业人才，经李校长同意，请西林在四川音乐学院附中挑选了四个演奏唢呐、琵琶、二胡、竹笛的学生前来加盟，她们都是从小经过专业学习的，水平不错，都能独当一面。加盟的还有一个才十一岁就已经是国家二级健将的小美女武术运动员王巧。

我们让西林担任音乐指导，为学生选择曲目，指导他们排练，提高他们的独奏和演唱水平，并排练小合奏、广东民乐《步步高》等。我则负责全部舞蹈，然后我们二人来统筹，最后出发前提前来深圳整合。我担任舞蹈编导和总导演。

排练并不是一帆风顺的，虽然在排练前就召开了家长会，把一切都进行了告知和沟通，挑选出来的十二个女孩的家长也纷纷表态支持，可在排练一星期后，有一个较娇气的孩子就说累，不来了，转到其他学校了。再过一个星期，又一学生的父亲怕影响孩子学习，干脆什么也不说，怒发冲冠闯进教室拉起人就走，根本不顾女儿哭着求情，后来我才知道她是班上的班长。

连续走了两人，其他学生会不会动摇？我也考虑着手准备候补队员。我询问剩下的还有没有人不想参加，怕不怕苦，她们坚定地大声回答："要参加，不怕苦！"我吃了定心丸，心想总有个没受影响的基本队伍。我再问："你们要不要好好学习文化课？"震耳欲聋地齐喊："要！"我很满意她们的回答，告诉她们首先要上好文化课，这个是前提，绝不能因为跳舞影响学习，她们听话地频频点头。

第二天，我一走进舞蹈教室，眼前的一幕让我几乎热泪盈眶。因为离课外活动排练时间还有一会儿，她们全都自觉地把书包背到了舞蹈教室，有的趴在地上做作业，有的一条腿放在把杆上，趴在把杆外的窗台上复习功课，有的在教室门口背课文……我眼前一亮，那个被父亲拉走的班长邱露露也在里头，在窗台上铺开了书和作业本，认真地做着功课。她还不时帮助同学解答问题。我急步上前抱住她问道："你怎么来了，父亲同意了？"她不好意思地笑着回答："我和妈妈做通了爸爸的思想工作，并向他保证一定不会影响学习！"多乖的孩子！多有思想的学生！还会和妈妈结成统一战线去克服阻力。

我当即在心里决定让她也担任我们这个班的班长。那天排练大家特别卖力，加上邱露露的回归，同学们有点兴奋，毕竟是小孩，难免叽叽喳喳。突然一个稚嫩的嗓音大声制止，喝道："别说话！老师在排练！"我和同学们齐刷刷地随着声音望去，是刘然——一个高个子，圆圆的脸上有一对大眼睛和一双深深酒窝的漂亮小姑娘。因为个子高，学舞的时候，我把她放到最后一排。她这一吼，果然没人说话了，还真有点威慑力。

我被这两个孩子的表现深深地打动，当场集合宣布我们这个舞蹈班由邱露露担任班长，刘然担任副班长。大家热烈鼓掌通过，这两个得力的小助手自然而然诞生了。在以后的出国访问演出中，她们确实表现超级棒！而当天我才知道刘然才七岁多！

时光飞逝，十个月的时间眨眼就到，我们班的八个舞蹈全部排练就绪，服装、道具也已到位。就等着四川的孩子暑假到来，整台晚会合成后接受审查，再整装出发。在这个过程中，李校长为出国演出，做足了功课，搭建领导班子并进行分工，与我国驻多哥、贝宁、法国大使馆取得联系，制定出访章程、日程表、安全须知，组织学习所访国家的文化背景、风土人情、礼仪习俗，并请来深圳市外办工作人员为大家做外事培训。深圳市领导还专门派了深圳电视台少儿部导演袁纯玉作为随团记者随时对整个出访进行全程跟踪报道。

## 一举通过艺术审查

成都的孩子终于过来了,大家进行了第一次合成,效果还不错。节目丰富多彩,紧凑精练。有汉族、彝族、藏族、羌族儿童舞蹈和极具地方特色的狮舞,而且民族舞蹈风格浓郁,激情澎湃,热烈欢快,服装华丽、绚烂。

器乐部分有模仿各种鸟鸣的唢呐独奏《百鸟朝凤》,有热烈奔放的二胡独奏《赛马》,有大珠小珠落玉盘、铿锵悦耳的琵琶独奏《十面埋伏》,有悠扬动听的笛子独奏《勇闯封锁线》,还有四人的小合奏广东乐曲《步步高》等。

更有王巧耍得熠熠生辉的拿手武术、棍、棒、剑。别看她模样俊俏秀气,可玩起棍、棒、剑如虎添翼,让人惊叹。一道道寒光划过,直逼人项背,挥舞的棍棒在空中嗖嗖作响,打在地上啪啪震耳。腾空翻跃,利索高飘。当时我国武术随着电影《少林寺》等一系列功夫片的热播,风靡全世界。王巧这一身不同凡响的技能独领风骚,加之西林的创意:用民乐在平台上伴奏,把两种民族风格的艺术形式相结合,舞台效果真是令人叫绝。还有周聪、刘婷婷的男女声独唱、重唱,嗓音优美、动听悦耳。

文化部外联局民间交流处的李学惠处长偕时任中央歌剧舞剧院的导演

李树盛老师（担任此台晚会的艺术总监）、翻译王眉也从北京飞到深圳。李处长出任这次中国深圳少儿艺术团的副团长，深圳南山区区长黄水桂担任团长，南山区教育局副局长田柳青担任秘书长，李校长担任副秘书长。舞蹈指导、编导罗彩文，音乐指导指挥家李西林。一个强大有力的班子，为少儿艺术团出访掌握方向，引导把关，服务保障，这是很少见的。

整台节目内部审查后，总体是满意的。为了使演出更好，也为了迎接深圳市政府、市外办、文化局、教育局、新闻媒体等的最终审查，他们提出了高质量高标准的要求。

审查当晚，武捷思副市长莅临现场，南山区委各领导也纷纷到场，各级领导代表、各文化界代表、学校教师学生、家长把深圳南山大剧院挤得水泄不通。首先亮相的是舞蹈《友谊火车》，它一开始就紧扣主题表现深圳小朋友开着满载友谊的火车从深圳驶往非洲多哥的洛美，传递友谊、呼唤和平的"深圳——洛美，洛美——深圳"的火车道具出现在台上，演员

我在给孩子们排练

接受审查前，第一次试服装排练。

试妆后与小朋友交代事宜

在台上挥舞着各色彩带欢呼高喊："洛美你好！洛美你好！"场内观众也跟着有节奏地鼓掌。现场观众跟着一起呼喊："洛美你好！洛美你好！"大家仿佛徜徉在友谊的海洋里。

没想到第一个节目就获得了满堂彩，并且点出了这台晚会的主题。紧接着各个节目依次纷呈而至，观众在目不暇接中欣赏完了这台演出，从现场的热烈气氛和掌声中，一直在后台忙碌的我已预感到审查汇报是成功的，一定能通过。

果然，武捷思副市长代表深圳市政府上台接见演员，并发表热情洋溢的讲话，对演出做了充分肯定，他预祝我们出访成功，为国争光。时任市文化局副局长的李南生，尤其夸奖我们整个晚会精炼紧凑，一气呵成，后台工作有条不紊。她说我们市里的孩子要出去演出，老师家长都必须跟着一大帮，帮孩子抢妆，手忙脚乱，一对一还忙不过来，你们就是罗老师一人，是怎么解决的？我赶紧汇报：我们是在服装到位后把八套服装全部按节目顺序发给学生们。从头饰到鞋子，然后回去请家长盯着时间，四分钟之内，也就是独唱独奏间场的时间内必须从头到脚换完。还要检查是否牢固，发卡是否夹稳。

每天放学回家练习抢妆，练习收拾行装，每套衣服加头饰、手饰、足饰、道具检查完叠好后整齐地放进行李箱。手脚麻利的人自己换完还可帮助别人，演出时我只负责检查。这样，孩子们不仅能自己抢妆，还能互相帮助，培养了她们的独立性、友爱精神和互相帮助的能力，克服了独生子女身上的娇气和依赖性，否则我纵然有三头六臂也忙不过来。她们的这些能力在以后的演出中充分得到了体现。

领导们频频点头称道。

通过了审查，教育局刘局长和李校长脸上也笑逐颜开，我看他们比我还紧张，紧绷的弦终于舒缓下来。

为了艺术团仪表的统一好看，我为孩子们设计了漂亮大方的团服，白衬衫配方格背带裙，统一的行李箱，统一的防晒帽、背包，孩子们穿戴起来真是又精神又可爱。

经过了一年的准备，中国第一支以学校为团队的少儿艺术团受文化部委派，带着国家的嘱托和期望，即将跨出国门，走向国际大舞台。

# 贝宁之行

校内校外彩旗飘扬，全校师生一大早就在校门口的操场上集合，隆重地欢送我们。鼓号队吹起了嘹亮的《少先队进行曲》，艺术团一行在台阶上的国旗下宣誓完，拉着行李向全校师生挥别，登上了前往机场的大巴。一进入这场面我的内心就有一种感动，心在融化，鼻子一酸，眼泪就想流下来。是神圣的使命感还是多愁善感或荡气回肠？我也说不清。

大部分小团员都兴高采烈，像是出远门玩，少数几个第一次离开父母，在门口看见前来送行的家长一边挥手，一边抹起了眼泪。父母和爷爷奶奶也红着眼圈挥手，依依不舍地喊：听老师话，注意安全！祝演出成功！

大巴向机场急驶而去，渐行渐远中，鼓号声还在耳边回荡，宣誓词还在脑中盘旋，激情还在心里燃烧，爱国情怀还在胸中豪迈……

我们先是飞往法国，在戴高乐机场转机，再到第一站贝宁。法兰西共和国巨大的法航空客载着我们穿越撒哈拉沙漠，终于降临在贝宁国际机场。第一次远行出国，在我的印象里，法国机场气派、豪华、巨大，停满了各国客机。宽敞的候机厅大得孩子们若不留神就有可能走丢，只能在登机口附近玩玩转转。到处是销售法国香水、化妆品的商店，空气里弥漫着各种香气,各色人种在候机厅匆匆穿梭。而简朴的贝宁机场当天只有我们这一架大客机飞抵,在迎接的前导带领下,我们很快入关到了他们的接待室。

贝宁,这个远在非洲的遥远国度展开双臂,以极大的好奇心和热情欢迎我们。中国驻贝宁大使馆文化参赞一行,第一次迎来了来自祖国的小朋友。贝宁文化部部长、通信部部长、国家电视台早就等候着与艺术团见面。贝宁电视台开始了全程跟踪报道,在与艺术团领导交谈后就对我和小演员进行了现场采访。

随即,我们住进了中国大使馆文化处。使馆大使第一时间接见了我们,文化参赞向我们介绍了贝宁的国情和习俗,并特别强调了我们是中国派往非洲的第一支少儿艺术团体,是在国家重视团结非洲,重视发展与非洲的友好外交关系的大前提下,配合国家的外交政策出访的。贝宁很支持"一个中国"的原则,支持中国在联合国的话语权和领导地位。所以,我

贝宁文化通信部部长接见艺术团

们是代表国家，代表中国人民，代表全国儿童，代表改革开放后的深圳，一定要完成好此次重要任务。

大家在文化参赞的勉励下，壮志凌云，豪情万丈，一扫旅途的疲惫，两位团长保证一定完成好这次的外交使命。

第二天的演出定在贝宁科托努市体育馆——这是中国帮助援建的项目。晚上七点演出，因要走台和化装，我们三点半就乘车到达了。

哇！看！大家惊呼起来，原来热情的贝宁观众比我们还早。由于不能进场，他们堵在体育场大门外，人头攒动，水泄不通。贝宁地处热带，四十多度的高温让人热得喘不过气来。他们冒着酷暑，顶着烈日，手里拿着自制的小五星红旗，翘首等待着。

尤其是小朋友，他们用石膏粉把脸、手臂抹成了白色，不知这样是希望得到别人的尊重还是一种形式的需要。一看我们来了，纷纷挥舞着两国国旗全部奔过来，拥向车窗欢呼雀跃，热情而隆重。我们感动极了，高

可爱的贝宁小朋友，用石膏把身体涂成白色，手里拿着中国国旗。

剧照

喊："Bonjour! Bonjour!""你好，你好！""你好，你好！"直到汽车驶进场内。

开演前，贝宁国家电视台早就架好了摄像机，要向全国现场直播。能容纳几万观众的体育馆座无虚席。开演前他们一直唱着非洲的欢乐歌曲，像过节一样。演出是由贝宁国家文化通信部部长亲自主持的，他用法语（官方语言）对我们的到来表示热烈欢迎，期待进一步发展中贝友好交往。中国驻贝宁大使馆大使和我们团长先后上台致辞，对非洲朋友的热情好客表示感谢，祝愿中贝友谊世代发展！

我则率小朋友们在紧张地候场，懂事的孩子们互相握手打气，能容纳几万人的体育馆里全体起立，奏响了两国国歌，庄严地拉开了演出的序幕。

第一个节目《友谊火车》伴着火车的鸣笛声，扮演铁路指挥官的小演员陈珊珊翻着跟斗一出场，全场观众就惊呼着报以雷鸣般的掌声和尖叫声。接着手搭手组成的"火车"开了出来。本来伴奏音乐就是西林作曲的火车行进的欢快节奏，很有音乐细胞的非洲观众跟着节奏拍手击掌，像是给火车加油,又像是给全情投入的小演员助威。演员们越跳越愉悦。火车翻山越岭,最后到达目的地。当写有中法文字的"中国——贝宁,贝宁——中国"的火车车厢呈现在观众眼前时,一下把观众的激情点燃,他们全体起立,和着节奏,扭动着身躯,一齐高喊:"Benin! Chine! Benin! Chine!"呐喊声此起彼伏,一浪高过一浪!

全体小朋友激动地眼含热泪,舞动着彩带,喊着:"Benin 你好! Benin 你好!"始料不及,第一个节目就收获如此效果。我也激动得用手背一边擦着热泪,一边催促小朋友们,快!快!快抢妆。

当唢呐独奏《百鸟朝凤》吹响时,非洲观众高兴得跟着乐曲一会儿学布谷鸟叫,一会学百灵鸟鸣,各种声音汇成了欢乐的海洋,非洲人全身都在扭动各种煽情的姿态让人捧腹开怀。

我们武术小美女惊为天人地出场,观众全部屏住了呼吸,瞪大了双眼。只看见刀光剑影,棍棒腾飞,空中发出嗖嗖的声音,霹雳般的击打声和王巧惊骇的喊声摄人心魄,一个仅十一岁的小女生把中国威震天下的武术的精、气、神表现得淋漓尽致,她的表演又迎来了观众一次次如痴如狂的喝彩。

武术小演员王巧

演出

中国驻贝宁大使陪同贝宁文化部部长在科托努市贝宁艺术宫观看艺术团的演出

《欢乐的节日》剧照

　　我在旁边看见赵大使和贝宁的文化部部长一直在交谈，脸上洋溢着赞叹的表情。当二胡独奏《赛马》到最后的战马嘶鸣时，在观众们眼中会放电的董文又一次把非洲人的激情调动起来，他们跟着音乐学着马叫，此起彼伏，全场笑翻了天。

　　所有的节目都是在观众阵阵掌声中再三谢幕才下台的。

　　最后一个别具中国民风民俗特色的红绸狮舞《欢乐的节日》登台。两头威猛逼真又活泼可爱的狮子在红绸的舞动下做着各种跳跃、翻滚、追逐的动作。他们时而在平台上腾上飞下，时而在台前嬉戏游玩。舞红绸的小朋友则做各种舞蹈技巧：点转，串翻身，倒踢紫金冠，跳转，前桥，后桥。只看见长绸像片片红云在台上飘舞。高潮迭起时，舞蹈在狮子一个漂亮的造型中戛然而止。整个晚会在沸腾中结束。

　　观众又跺脚又欢呼，又拍手又呐喊。在欣赏中陶醉，在互动中癫狂。小演员取下狮头谢幕时，观众看见是四个小姑娘戴着头饰，披着狮皮扮演的，意外惊喜，忘情地挥动着手臂，不断大喊："Chine! Chine!"

　　贝宁文化部部长、通信部部长和赵大使走上台来，向小观众一一握手祝

与贝宁国会议长、驻贝宁文化参赞交谈。

与贝宁通信部部长、翻译王眉起舞。

西林作为艺术团音乐指导,接受贝宁文化部部长颁发纪念状。

与中国驻贝宁赵大使及其夫人、翻译王眉合影。　　与中国驻贝宁赵大使及其夫人、副团长李学惠合影。

贺演出成功。贝宁文化部部长还特地邀请我上台,用法语向观众介绍:"这位女士是这台节目的总导演。"观众们又一次雀跃欢呼,向我热烈鼓掌。

我和贝宁文化部部长、翻译王眉高举起拉着的手,不断晃动,向观众致意,他们包围着我们久久不愿离开。在几万观众的意犹未尽和依依不舍中,我们拥抱在了一起,为这首战成功而热泪盈眶!

文化参赞、我们的团长、李校长都纷纷到后台来祝贺表扬我们。回到文化处,安排好小朋友们休息,我看着他们睡梦中还露出甜甜的微笑,心潮起伏,情绪难平,又是一个无眠的夜晚——可是是激动的、幸福的、满足的!

第二天,贝宁电视台和国家报纸头版头条报道了我们的演出盛况。在科托努市长的陪同下,我们参观了贝宁博物馆、水上村庄,还有大西洋岸边历史上贩卖黑奴的古老码头,市长给我们讲述了一段黑人的悲惨故事:即将贩卖到北美洲、欧洲等遥远国度的黑奴,在临行前会有一个简单的仪式,在码头边一棵巨大的面包树下,口里念念有词,转绕十圈求神保佑有一天能回到自己的故土。然后像木头一样,十人一捆地被绑在一起扔进船舱最底层,在无边无际的大海里漂流。最终,他们大部分都葬身于大西洋

西林与喜爱中国功夫的非洲小朋友

小演员与贝宁官员及其夫人合影

的惊涛骇浪中,侥幸活着的被带到美洲或欧洲,世世代代沦为奴隶。他们没有一个能如愿回来。黑奴的悲惨遭遇深深地震撼着我们,心里像灌了铅一样沉重,大家都低下了头,一片沉默。直到孩子们在李校长的带领下,惊喜地发现举世珍稀的编织鸟时才回到现实,回复到孩子的好奇心和童趣中来。

编织鸟有一种超乎想象的能力,它们把叼来的树枝编织成一个带有"客厅"的鸟窝,产下的雏鸟就蜷缩在"卧室"里。鸟父母寻找回来的食物,放在"客厅"让小鸟吃。真是奇妙而不可思议。后来李校长还专门把一个编织鸟的鸟窝带回学校陈列室,让深圳学生们观看,增长自然知识。

这次出访不仅让我们认识了贝宁的人民,还让我们走进了非洲,走进了大自然!

毕竟是小孩,一天,邱露露不小心把妈妈给的零花钱弄丢了,四处找不到,伤心地哭了。我和李校长建议小朋友们都帮着找找,或者谁捡到了退还给她。谁知独唱小演员胖子周聪不假思索地来一句:"我要是捡着了,就把它埋在花盆底下,还两手一摊,得,谁也找不着。"李校长一听,说:"你就知道吃,所以长那么胖,不动脑子,捡了钱就应该归还失

与贝宁水上村庄的孩子合影

主,怎么能埋在花盆下呢?钱又不会生长,拾金不昧嘛。"我被周聪的天真逗得忍俊不禁,看周聪挨了批评很沮丧的样子,邱露露也破涕为笑了。既然事情发生了就要及时解决,李校长觉得趁这个事正好给年幼的学生进行道德教育,改正那些不良的行为。他极其耐心地说:"谁拿了钱也是一念之差，退出来就是好学生。我们一定保密，不会讲出去。要勇敢承认错误，不能让不好习惯影响自己。"并一再强调，"这只是一闪念差错。知错即改，我们仍然喜爱。"在李校长耐心启发下，中午，拿钱的孩子果然用纸包好钱，悄悄地扔在了寝室门背后。通过表情，几位老师都知道是谁干的错事。当时这孩子满脸通红，双手不断地绞着手帕，不敢抬头。时至今日，我们一直为这孩子保密，没有其他任何人知道。我们既教育了这个孩子又保护了她。后来她表现很好，还考上了广东一所名牌大学。的确，孩子需要我们去教育，去塑造，但不是粗暴地、简单地，而是要用心、用爱、用真诚，我十分赞同李校长的教育理念。

我们去到水上村庄参观访问。顾名思义，水上村庄是建在一个大湖泊上用木桩搭成的一片片简易住房。由于这里的人吃喝拉撒都在湖水上，远远就闻见一股刺鼻的臭味。小木船是他们联系外界唯一的交通工具。他们

贝宁文化部部长与我们的小演员在一起

贝宁国会议长率团回访深圳南山实验学校

  手工生产一些最简单的黑木雕、工艺品或编织一些草帽、提篮之类的东西，拿到集市上去换回食品或用品。

  孩子们枯瘦如柴，没有学上，让人同情。水上的苍蝇、蚊子满天飞，叮着人咬，孩子们全身到处都是被咬的包块，真让人目不忍睹。我们拿出了携带的清凉油、风油精、退烧药、食品、玩具、书等，送给这些可怜的孩子。我还买了一个他们用树条编织的草帽留作纪念。我们的孩子跟他们形成了鲜明的对比，参观后，孩子们深受教育，纷纷表示要珍惜当前的幸福生活。

  顺利完成了贝宁的访问任务，大使馆的官员一直把我们送到贝宁与多哥的边界线。艺术团的小朋友全部像远别亲人似的依依不舍地哭了起来。我们与文化参赞和送行的官员相拥告别，互道珍重！别了，贝宁！别了，大使馆！别了，我们的亲人们！真的，不知何时才能再相见！

# 驶往多哥

贝宁之行结束后,我们来到了号称"非洲瑞士"的多哥首都洛美。长长的海岸线,一排排高大整齐的棕榈树像卫士一样守望在洛美城边。我们被安排在大洋边的五星级酒店,阵阵涛声传来,大西洋碧波粼粼,阳光闪烁,轻风拂面,眼前海天一色,真是让人心旷神怡。

我们演出是在多哥的议会大厦,那里是非洲的政治中心,是各国首脑共商非洲大事的重要府邸,也叫"二月二大厦",是因前多哥总统在二月二飞机事故幸免于难的地方,故修建了这座豪华的大厦以兹纪念!

多哥政府邀请了各国驻多哥外交使节一同观看,规格之高,就像出席联合国会议一般。各国大使偕夫人,多哥总统夫人及各部长、议会成员、政府高级官员偕夫人盛装出席。这些夫人们穿金戴银,每人身上的黄金首饰、足饰、项链、又粗又大的耳环,加起来恐怕得有一两斤。非洲的人肤色很黑,只看见眼睛的光芒和红唇下洁白的牙齿像珍珠般闪亮,与全身的黄金白银相映成趣。

我们的演出依然引起了极大轰动。演出结束后总统夫人(总统和总理出席非洲首脑会议了)及政府高层、我们的大使依次走上舞台,祝贺演出

在多哥二月二大厅的演出,台下有多哥总统夫人、多哥官员及驻多哥各国使节。

《友谊火车》剧照

跳完《雪域欢歌》,在掌声中谢幕。

▶ 驶往多哥

多哥总统夫人与我们亲切交谈

总统夫人与小演员合影

在多哥二月二议会大厅演出完,与青年部部长合影。

成功并与我们一起合影留念。周聪嗓音嘹亮,胖乎乎的,走起路来全身的肉都在颤动,很招人喜爱。他只有独唱、重唱的任务,演出中很多人送礼物,只有他有空去接受,他随时拿出来在大家面前显摆,十分得意。好在他还懂事,和小朋友共同分享。

我们的小演员都很可爱,淳朴好客的非洲人对他们表现出极大的热情,常常要给他们赠送一些小礼品。小演员也回赠他们从中国带来的纪念品,如纸扇、中国结、熊猫钥匙扣等。他们倍感珍贵,无比高兴。

每天多哥都以国宾的待遇接待我们,博物馆、议会厅、市政府,所到之处都是用的法国大餐(多哥、贝宁都是法国的殖民地,官方语言也是法语),还举办各种欢迎仪式及座谈会。

一天,我们去学校访问,路过农贸集市,远远就听见人声鼎沸,热闹非凡。原来他们在这里除了交易,还跳着极具非洲特色的舞蹈,自娱自

▶ 驶往多哥　　　111

多哥洛美小学墙上墙下站满了热情好奇的非洲孩子

乐，一边敲起非洲鼓，一边扭动着看似肥胖却很灵活的身躯。

我们一去就融入了他们的欢乐中，手拉手、肩并肩，一齐唱一齐跳，深圳电视台女记者袁纯玉扛着摄像机一路摄个不停，最后手都抬不起来了。

洛美和深圳是友好城市。到了洛美小学，墙上墙下站满了围观的群众和儿童，校内学生挥舞着自制的五星红旗，个个笑逐颜开。李校长向该校赠送了一批电器和教具，表达来自友好城市的心意，并代表南头小学与洛美小学结为了友好学校，孩子们也向洛美的学生赠送了他们从中国带去的纪念品。同时还进行了有趣的知识竞赛——你知道遥远的中国在哪个洲吗？中国首都在哪里？中国最美的沿海城市叫什么名字？是哪个城市与洛美结为了友好城市？

晚上，孙大使和夫人在他的官邸设宴款待我们，还给小朋友发了多哥的钱币作为纪念。小演员刘然当时未满八岁，席间冷不丁大声冒一句："孙大使是什么呀？是不是总理呀？"这份天真惹得全场哄堂大笑。刘然如今从加拿大多伦多大学MBA硕士毕业后，在一家大咨询公司担任要职，经常带领手下的白人在全世界飞来飞去，美国华裔劳工部部长赵小兰是她心目中的学习榜样。事实上她已是一位年轻有为的优秀人才，经常举办中加高端交流活动，为促进中加关系友好发展做出自己的贡献。

刘然的爸爸曾真诚地对我说："然然有今天，全靠你们那么小就带她出去开阔了视野，培养了她的独立能力，让她树立了远大的目标、正确的价值观！"

孙大使和夫人亲自带领我们去多哥总统的家乡卡拉市演出，同时慰问驻多哥的中国医疗队。我们一行乘坐总统的专机到达了目的地。卡拉市的礼堂活脱脱就是一个小一号的人民大会堂。艺术团抵达时已经是晚上，演员们顾不上吃饭和休息，就赶紧化装，一直从晚上十一点表演到次日凌晨。

多哥青年部部长与我、西林合影。

▶ 驶往多哥

艺术团在多哥总统的家乡演出,总统派出自己的专机接送小演员。

在总统家乡,非洲孩子手拿自制的中国国旗。

小演员没有一个叫苦叫累，援助多哥的医疗专家看到这一情景，感动得连连称赞："特区的孩子不简单，你们为祖国争了光。"并亲自为小演员们包饺子，煮面条犒劳大家。

吃饭时医疗队的医生们给我们讲述了上海复旦大学一个学生在卡拉市的遭遇：她是因为太年轻，懵懵懂懂，跟着一个黑人留学生恋爱跑来的。结婚生孩子后才知道丈夫患有艾滋病，丈夫死后，她独自养着三个孩子，生活非常拮据，经常去医疗队要点食品药品什么的，她梦寐以求想回到自己的祖国。大使馆也愿意帮助她，首先要帮她补办中国护照。这就必须去体检，多次通知她，她都不敢前往。医疗队说：因为如果证实她也感染上了这个疾病，她的梦想就会被击得粉碎。她不敢去面对这残酷的现实；若证实被感染，她的精神一定会崩溃。所以为了孩子，她只能自欺欺人地苟且偷生。

听了这个故事，我们对自己的同胞充满了同情，小朋友和大家一起捐了很多物品，集中起来一大包。有食品、生活用品、药品、玩具、图书，还有美金。第二天，医疗队通知她来到我们酒店的大堂，与祖国的亲人见面。本来大家都坐在大厅等待她的到来，有同情，有爱心，也有好奇。可是当她穿着唯一一身从中国带来的白衬衣、花裙子走进大门那一刻，我们的人不知是谁带头，"轰"的一下全跑光了。只剩下我一人孤零零地抱着大家捐的东西，像钉子钉在那里一动不动。顿时我看见她像受了巨大的打击，怔在那里，眼泪扑簌簌地滴落下来。我鼓足勇气走近她，把那包东西递给她，轻声说："这是我们艺术团的一点心意，请转给你的孩子。"说完，我也跑掉了。后来我一直生自己的气，生大家的气，为什么那么怯懦？为什么对艾滋病那么恐惧？这完全是对艾滋病的无知嘛。早知这样，还不如不见，不知这一行为对她伤害有多深。

我大声吼着："你们不是提议要见自己的同胞吗？为什么看见别人又像看见洪水猛兽呢？"李校长走到我面前劝慰道："别自责了，这是她自

与李先启校长在多哥文化部门前

己造成的。也别埋怨谁了,愿她和她的孩子们在这块土地上好好生活,为发展中非友谊世代相传吧!"

在总统家乡圆满完成演出任务后,我们一行乘飞机返回洛美。总统专机因临时有任务,派来接我们的是一架军用飞机。我们第一次登上军用飞机,它的座位是面对面的,而且是坐在类似网兜的座位上。双手可以拉住悬挂网兜固定位置的绳子,真是开了眼界。小朋友们也有些好奇。

飞机轰鸣着起飞后，穿梭在大西洋上空的苍天白云里，洒进来的阳光沥过肩头，我仿佛感到是一个穿越世界的自由人。经过旅途和演出的劳累，顿时从心里到身体特别放松。小朋友们像坐在摇篮里似的舒舒服服渐渐入睡，我也闭上了眼睛。

半睡半醒中，我觉得又高又大的黑人飞行员在机舱里匆忙走动，又伏在孙大使身边悄悄耳语着什么，孙大使用法语在指示他们。我听见坐在旁边的西林推醒李校长小声警醒地说："看！有个螺旋桨停摆了。"李校长睡眼蒙眬地看了一眼，半闭着眼喃喃地说："飞机转弯了要刹一脚。"我不知发生了什么，困倦继续向我袭来，我又在飞机的摇晃中睡着了。

等到了目的地，坐在舱门口的我第一个跳下去时，大使馆办公室邓主任（是个快人快语的重庆老乡）双手接着我说："好吓人哦！你们差点回不来了。飞机发动机在半空中坏了，靠一个发动机飞回来的。这几个在法国培训的黑人飞行员真了不起。"他一边喋喋不休，一边把小朋友一个一个接下来。这时我才看见机场里停满了救护车、消防车。我回头看见孙大使异常镇静地对下属说，这太危险，我以后再不派访问团到洛美以远的地方去了！

谢天谢地！感谢上苍对和平友谊使者的眷顾和厚爱，没有把我们召唤去！感谢那几位技术高超、素质非凡的黑人飞行员。

五月九日，外交部向文化部、中国对外友好协会、深圳市政府发去贺电，称："深圳市少儿艺术团在非洲访问演出获得圆满成功！此次出访对推动中国与多哥、贝宁国家之间的文化交流，特别是对国家之间多层次关系发展起到了积极作用！"

# 奔赴法兰西

结束了在非洲的访问，我们来到法国参加国际儿童艺术节。开幕式在一个公园里举行，比较浪漫和随意。节目一个个在舞台上依次上演。还未出场的一律坐在草坪上一边学习观摩，一边品尝着各式法国点心，品尝着世界有名的鹅肝酱。

只见一辆救护车疾驰而来，我正纳闷哪个国家的小孩病了，这时文化部翻译王眉女士向我跑来，着急地问："李校长在哪？董雯被他们拉上车了。"因为当天没我们的节目，大家坐得比较分散，我没见领导在旁，赶紧随王眉跑向救护车，以为董雯出了什么大事。结果看见她面向车尾，笑嘻嘻地坐在上面，我放心了些，可能没大碍。可我知道在国外看病费用很高，所以一个劲招手要她下来。这时救护车的门就要关了，王眉见状，机灵地跳了上去，车一溜烟开走了。

事后才知道，在多哥吃饭时，吹唢呐的李国瑞调皮地把董雯刚要坐下的凳子抽走，董雯一屁股跌坐在地上，崴了脚，走路有点一拐一拐的。到了法国艺术节，医疗站的医生以为她腿出了毛病，叫来了救护车赶紧送医院。结果在医院住了三天，从头到脚检查完，什么病都没有才送她出来，

在法国国际儿童艺术节开幕式上

《黄鹂鸟》剧照

并把检查结果和拍的片子全部送给了她,告诉我们所有费用已经由艺术节组委会付清。

我们总算放了心,同时对比非洲贝宁水上村庄的小朋友,我们感叹:这里的孩子才是孩子,才是宝贝,才是好命。

第二天,街头巡演,我们一大早就化好装,依次排着队跟着大队伍走到十字路口,围观的人越来越多。我们开始表演,第一个出场的是吹唢呐的李国瑞。他看见那么多的法国人围观,一紧张,走出去就背着观众吹了起来,我赶紧冲上去帮他转过身来。毕竟是孩子,没有舞台经验,但他吹的《百鸟朝凤》依旧赢得了法国观众的阵阵喝彩。

无论是在街头巡演或是在舞台表演,小演员们克服了饮食的不习惯、对气候和时差的不适。尽管晕车晕机,然而只要登上舞台,他们个个精神抖擞,给外国观众留下了十分深刻的印象。

艺术团在法国街头巡演

艺术节组委会主席向观众介绍中国民族乐器——琵琶

与艺术节组委会主席合影

▶ 奔赴法兰西　　121

漂亮的外国"大"朋友

天真美丽的小演员们

与东欧来的小演员们合影

中法两国小朋友合影

一天，八岁的小刘然肚子疼得厉害，李校长和王眉请来了驻会的法国医生给刘然看病后，要她去医院检查。一听说去医院，她吓得又哭又闹，死活不肯，李校长耐心地给她做工作，要她配合，她急得挥着小拳头，雨点般地打李校长、打我，谁说打谁，弄得我们只好不顾她的拳打脚踢，送她到了医院。结果，虚惊一场，原来是便秘。

记得在非洲演出时，一只飞蛾飞进了蒋庆玮的耳朵里，她要表演琵琶独奏，突然说耳朵什么都听不见了，我们大惊失色，赶紧把她送到中国医疗队。医疗队的医生用钳子小心翼翼地把飞蛾夹了出来，她才恢复了听觉。

这一路带小孩真不容易，好在都有惊无险。

无论在非洲还是法国演出，观众都像众星捧月般围着他们，有的拥抱他们，亲吻他们，有的赠送纪念品，有的合影签名留念。我们的小演员走到哪里，哪里的行人就热烈鼓掌，投来赞许的目光，跷起大拇指不断夸赞。

在埃菲尔铁塔前

124　彩色的爱

在巴黎圣母院前

在巴黎

各国孩子在一起游戏

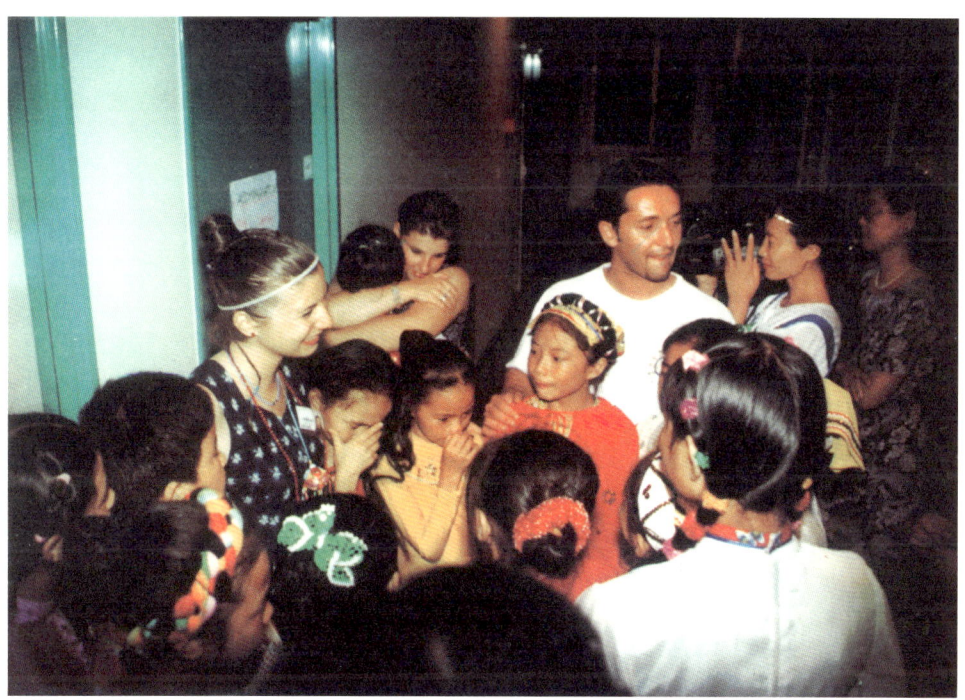

依依惜别

在戴高乐机场合影

我们游览了塞纳河迷人的夜景，登上了埃菲尔铁塔，参观了珍藏着世界无数宝藏的卢浮宫、凡尔赛宫，闻名遐迩的巴黎圣母院、凯旋门、香榭丽舍大街、巴黎歌剧院、圣心大教堂、协和广场，这些名胜古迹无不向我们描述着法国的灿烂文化和悠久历史。

小朋友们也被震撼了，他们认真地观看着，悄悄地瞻仰着，好奇地珍视着，第一次打开了艺术视野，了解艺术瑰宝的价值和艺术家们对人类的伟大贡献。

我想这些见识和记忆会让我和孩子们终身受益。

值得一提的是，在法国参加国际儿童艺术节时，来自十几个国家的少年在草坪上联欢，散场后，其他各国儿童急着赶回住所，而我们少儿艺术团的孩子却忙着将地上的杂物和纸屑拾起来放进垃圾袋。法国工作人员看见后，情不自禁地称赞："中国儿童，好样的！"

这次出国演出的成功也是"素质教育"的缩影。小演员们不仅艺术特长得到充分发挥，回来后学习成绩也突飞猛进，在班里都是数一数二的。

## 陷入低谷

一九九五是我事业上辉煌的一年，也是命途多舛的一年。我远在德国的儿子突然要回国来经商。他本来就读于中央音乐学院指挥专业，因为爱情放弃了在中国最高音乐学府——中央音乐学院学习的机会。我们只有他这么一个孩子，由于我盆骨小，分娩长达两天两夜，他生下来已经窒息了，好不容易才抢救过来。加之特殊年代，生他养他都不容易，万般不舍，无奈他去意已定，他父亲是含着眼泪给他送行的。他父亲比我有头脑，告诉他这一去不一定如他所愿，并且千叮咛万嘱咐，希望他去德国继续学业。

也许到了那边才知道不是所有的事都能如愿以偿，不是所有事情都在自己掌控之中。他只有随女方家，帮他们经营餐厅，打点生意或给客人弹弹钢琴。好在他从小跟著名钢琴教育家——培养了青年钢琴家李云迪、陈莎、杜天奇等的大师但昭义学琴，还有一技之长。弹琴期间时不时还获得客人的掌声，他也担任过德国华人流行音乐比赛的评委。但放弃了从小学的专业，内心肯定深感失落，加之国外单调寂寞的生活，让人孤独郁闷。他又一次未跟我们商量就回来了。

他的妻子是一个貌美如花的在德国土生土长的女孩，喜欢模仿古装片里小姐的打扮，模样倒是人见人爱，心地也善良。但完全是一副大小姐的做派，个性太强，听不进任何意见。他们当时借了她奶奶一生的积蓄，加上自己存的钱，一共三百万（那时真是天文数字），跑回成都来创业，在一些所谓"朋友"的怂恿下开起了粤菜馆。都知道成都是吃货的天下，川菜是全国有名的菜系，但他们偏偏不搞川菜。粤菜成本高得令人咋舌，且当时本地人还品味不来。那时成都哪有海鲜？一切得从广东空运过来。连现在满市场的芥菜，成都当时都很少见。还有海参、燕窝、鱼翅，这些高档消费品，更是闻所未闻。

房子倒气派，楼上楼下全部租下来，装修费用一超再超，人家一看两个二十出头的小年轻，对中国市场一点都不懂，不敲你敲谁？开张的那天还舞龙耍狮的，人家更以为你腰缠万贯。那些人犹如一群饿狼，虎视眈眈这两只小羊羔。

当时改革开放不久，一切都不成熟、不规范，方方面面都来勒索你，欺诈你。请的临时工也以为你钵满盆满，心里不平衡就顺手牵羊，连电器、碗筷都偷，就别说库房里的山珍海味了。有一天我先生亲自看见市场上卖两元钱一斤的芥菜，采购员每斤报销七元，我先生当面指出他谎报。事后，媳妇就对我先生说："爸，要信任人嘛，不然谁跟你合作做生意啊。"

由于儿媳语言不通无法交流，思维方式完全不一样，也不让我们关心、帮忙，我只好极不放心地回到深圳。我眼睁睁看着他们的粤菜馆即将破产倒闭。他俩年轻气盛，看见不可挽救的残局，互相指责，最后干脆都赌气不管了。

正值寒假，我又一次从深圳赶回来，天天坐在岌岌可危的粤菜馆里坚守，隔行如隔山，粤菜馆终于倒闭了，前后硬撑了三个月。就在光天化日之下，手无缚鸡之力的我一个人怎能阻挡那些人的抢夺？他们在我眼皮底下什么都抢开了，各种食材、电器、台布、餐巾、桌椅全部搬光。你向谁求救？我叫天天不应，叫地地不灵。那些保安、协警都是聘用的临时工，根本不管，或许他们还是同伙，他们睁只眼闭只眼。我目睹了什么叫强取豪夺。

为了挽救残局，制止员工闹事，我把我们家仅有的一点存款拿出来，虽然餐厅马上关门，工人的工资还得照发，各种税款还得照交。其实明知无济于事，在关键时刻，当父母的也只能这样了。

这次打击差点把我们全家击垮。最后还是只有各奔东西，他们拖着尚小的双胞胎落荒逃回德国。我只有又到深圳，留下我先生在成都孤独一人。这一切你向谁诉说？谁会同情你？只有将苦水留在自己心里。

## 罗马尼亚金孔雀艺术节

春暖花开之际,来自黑海之滨喀尔巴阡山麓的罗马尼亚克鲁日少儿艺术团来到深圳南山区和南山实验学校(原南头小学),他们是应中国文化部之邀来访问的第一个罗马尼亚少儿艺术团,师生一行三十二人都是第一次来到中国。艺术团团长克鲁日省阿·扬库基金会会长奥·布尔布克先生介绍说:克鲁日少儿艺术团是基金会下属的少儿艺术团体。基金会的宗旨是继承和发展罗马尼亚民间艺术,同时致力于国际民间艺术交流。他们举办的"金孔雀国际少儿民间艺术节"在国际上有很大影响。基金会将邀请深圳南山实验学校艺术团代表中国前往参加。

南山实验学校少儿艺术团刚刚出访过贝宁、多哥,参加了法国举办的国际儿童艺术节,广获赞誉,声名远播。因此,学校受文化部委托接待来访的罗马尼亚少儿艺术团。

南山实验学校以丰富多彩的科技、艺术活动,迎接巴尔干半岛的艺术使者。

在学校露天舞台上,中罗少儿艺术团联袂演出精彩节目,三千多名学生和家长兴致勃勃地观看演出,不时为双方节目拍手叫好。罗马尼亚少儿艺术团带来了独特的民族舞蹈,让人领略到浓浓的东南欧风情。小演员身穿绣花民族服装,跟着欢快的小提琴、手风琴伴奏曲,时而叉腰搭肩,时而打腿拍手,流畅地变换着各种队形。最拿手的绝活儿是脚上功夫,踢踏、踩脚、挪步、蹲跨、跪转,腿上力量超棒且相当灵活多变,节奏快得让人眼花缭乱。

《欢乐的节日》剧照

《友谊火车》开到罗马尼亚

南山实验学校少儿艺术团第一个表演的是我创作的舞蹈《原上草》。布尔布克先生说，他看出了这个舞蹈的寓意，表现了顽强的生命力和劫后复苏的蓬勃景象。他还特别内行地肯定这个舞蹈与其他节目在艺术上的区别。

深圳的剧变世界瞩目，中国小朋友热情地陪同远道的客人到世界之窗、民俗文化村、华侨城等地参观，盛情地邀请他们到家里做客。南国的奇花异草开遍校园，芬芳扑鼻，但最鲜艳和绚烂的当属中罗少儿共同培植的艺术之花！

在两国小朋友共同绘制的百米画卷上，中国小朋友用彩笔画出他们眼中的世界：飞翔的小鸟、畅游的小鱼、美丽的蝴蝶、遨游的飞船、林立的高楼……罗马尼亚小朋友则将和平友好的心声融于笔端，他们画出了太阳下的和平鸽、彩虹、手拉着手的五大洲各种肤色的小朋友。

临别前夜，在南山实验学校中心花园举行的告别舞会上，罗马尼亚少儿艺术团团长热情致辞：克鲁日是罗马尼亚最古老的城市，深圳是中国最年轻的城市。在这里，我们看到了中国改革开放的成就，也感受到了热情和友谊。我们要把美好幸福的感受永远保留在心间。七月，金孔雀艺术节再见！

艺术和友谊之花灿烂地开放在校园里，开在中罗两国小朋友的心上！

一九九八年，我们第二次受文化部委派，参加了罗马尼亚克鲁日学生国际艺术节和金孔雀艺术节。在克鲁日，东道主罗马尼亚以东欧特有的传统仪式迎接了我们。浪漫的罗马尼亚人一见面就和我们热情的拥抱，给每一个中国团员都献上了一束馨香的鲜花，顿时驱散了长途跋涉的疲劳。团长带领我们拜访了克鲁日的省长、市长、教育局局长。

这次参加罗马尼亚艺术节的有匈牙利、比利时、美国、以色列、法国、土耳其、中国、罗马尼亚等。下午街头巡演，中国艺术团别具风格的民族舞蹈节目，吊足了罗马尼亚朋友的胃口。晚上的比赛，我们的狮舞《欢乐的节日》《红披毡》更是征服了全场的所有观众，不负众望，一举拿下艺术节最高奖项——金孔雀一等奖。

▶ 罗马尼亚金孔雀艺术节　　133

荣获一等奖

与小演员代表刘曦洁、陈珊珊在领奖台上。

被誉为"中国小云雀"的谷浪和小胖子周聪在领奖台上

颁奖晚会上的外国演出团队

▶ 罗马尼亚金孔雀艺术节　　135

艺术节演职人员大合影

在伊柯罗德镇，观看演出的罗马尼亚老太太。

指导外国小朋友跳中国舞

与艺术节组委会成员在罗马尼亚乡间

与艺术节组委会主席布尔布克先生合影

▶ 罗马尼亚金孔雀艺术节

与组委会主席布尔布克先生（后排右五）、文化参赞闫建武先生（后排右三）等在罗马尼亚郊外。

在鲍比亚家里举办"中国之夜"

当国际艺术节组委会主席宣布这一奖项时，全场欢声雷动。我和小演员代表刘曦洁、陈珊珊激动地登上了领奖台，从布尔布克主席的手上接下了奖杯和奖牌。在高奏的中国国歌和飘扬的五星红旗下，我们流下了激动的泪水。罗马尼亚老朋友热情地向我们抛撒了一身一地的花瓣，表示由衷的祝贺！我们没有辜负众望，第一次参赛就为祖国赢得了巨大荣誉，为中国儿童增了光，我们心里充满了荣耀和自豪！

阿·扬库基金会主席在会上盛赞我们：你们取得这么好的成绩，不是因为你们年龄小，而是因为你们的水平确实可以与世界上任何一个国家媲美。

艺术节期间给我们开车的鲍比亚先生力邀我们去他乡下的家里做客。为了款待我们，他们家特地杀了一头牛，又是烤牛肉又是煨汤，他们炖的牛肚汤鲜美至极。我们既领略了罗马尼亚乡下的山水风光，品尝了地道的罗马尼亚美味佳肴，又感受到他们对中国人民的深厚情谊！

布尔布克还专门安排我们在鲍比亚的家里举办了一个"中国之夜"。我们给他们做的中国菜，他们也是第一次品尝。大家虽然语言不通，可用肢体语言和眼神传递的友情比山高比水长！

艺术节闭幕式上，各国小朋友一起手拉着手，肩搭着肩，一圈又一圈旋转着，跳起了欢快的罗马尼亚集体舞，大家欢呼雀跃，通宵达旦。

我们要去其他国家了，布尔布克主席带着组委会代表和艺术团代表前来送行。在火车站，大家相拥而泣，哭声响成一片。他们把我们送进车厢，迟迟不愿离开，火车鸣笛要起动了，他们才依依不舍地跳下火车。我们一面擦着泪水一面高喊："布尔布克先生，再见！朋友们再见，再见！"

# 以色列、约旦之行

以前对以色列这个神奇的国度知道的少之又少,只依稀记得"文化大革命"时的一句口号:"坚决支持巴勒斯坦民族解放运动,坚决反对以色列的犹太复国主义!"当时高呼这一口号并不知它的意义和背景,对耶路撒冷更是陌生。

这次在参加罗马尼亚艺术节和约旦国际儿童艺术节期间,安排我们去以色列访问。

我们从布加勒斯特出发飞往以色列的第一站特拉维夫。抵达酒店,我正要去搬行李到房间,接待我们的工作人员赶紧说不用,待会儿酒店服务人员会把行李直接送到每个人的门口。我想,搞丢了咋办?我箱子里有很多纪念品,特别是有我们在罗马尼亚获奖的奖牌和独具特色的金孔雀奖杯,这可是用金钱都买不到的。我不放心,还是想自己把箱子拖走。无奈他们再三礼貌客气地表示,送行李是他们的工作,不用我们辛苦。我只好客随主便了。等我们拿着房卡,坐电梯找到自己的房间时,行李已推到门口了,的确是我的箱子,我赶紧检查我的奖杯、奖牌,一样没少,我暗自佩服他们工作的周到和精细。

第二天去餐厅用早餐。走进去一看，眼睛都直了，各种食品琳琅满目，丰富得超出想象。很多东西从未见过，各种海鲜、水果、西点也叫不出名字来，摆在巨大的一排排餐台上，既好看又好吃。我们赞叹不绝，孩子们更是津津有味地吃了一盘又一盘。

以色列的教堂比比皆是，从耶稣诞生到被钉上十字架，《圣经》里每个时期的主要事件都建有相关教堂。犹太教、伊斯兰教、天主教、基督教、东正教等各种宗教在这里并存又激烈斗争。

所以有人说耶路撒冷是个是非之地。闻名的犹太人哭墙就在清真寺旁边。巴勒斯坦人说这里是他们的故土，犹太人称三千多年前他们就生活在这里，有大量的历史文物和记载佐证。

近几十年中东战争不断，奇怪的是我们前去访问的那段时间，这里异常平静，到处是一片和平景象。没有战争的炮火，也没有硝烟弥漫。以色列和巴勒斯坦的人都说："你们是和平的天使，但愿为我们带来持久的和平。"

参观以色列的古代水渠

在以色列古罗马剧场参观

以色列犹太教堂

在以色列著名的清真寺前合影

与陈宝莲校长在以色列

与以色列大兵在一起

▶ 以色列、约旦之行　　　143

我在以色列清真寺前

以色列成年礼犹太少年

与闫建武参赞在以色列

我们游览了死海。在接待方的带领下，我们参观了当年战争最激烈的戈兰高地、约旦河西岸、以色列高度机械化的农场、高科技的滴灌、钻石加工厂，出了多名诺贝尔获奖者的耶路撒冷大学。我们被以色列人的超凡智慧和高度的创造性，勤奋的拼搏，在逆境中顽强斗争、生生不息的精神所折服。

我曾躺在死海里装模作样地看报拍照，的确没有沉下去。我们看见满街的私家车、公交车、运输车都是奔驰牌，并且停在什么地方从不上锁。这个经历告诉我们以色列人素质很高，生活很富裕。从那以后我特别关注以色列，崇敬犹太人。

以色列跟中国一直很友好，两国的友好交往从未间断和中止。二战时希特勒屠杀犹太人，在危难关头我们上海人勇敢自觉地收留和保护了几万犹太人。现在他们也在政治上、技术上、军事上支持我们。

犹太小朋友特别可爱，尤其是小男孩。举行成年礼时，他们走在街上，身着白色的硬领衬衫，外穿黑色燕尾服，头戴博士帽，脚蹬锃亮的黑皮鞋，手拄拐杖，一副绅士模样，像极了童话里的小王子。当两国小朋友相遇，大家都热情地手拉手合影，祝福问候。

约旦国王侯赛因在中东是有一定政治地位和话语权的。他的夫人努尔皇后是美国人。约旦除了跟美国交好外，他们也很重视文化艺术，并重视以文化艺术交流的形式，跟各国架起一座座友谊的桥梁。

我们应努尔皇后之邀参加了在约旦首都安曼举行的约旦国际艺术节。二十多个国家的艺术团都安排在有三千多年历史的古罗马露天剧场演出。

在以色列死海

在以色列与巴勒斯坦老人合影

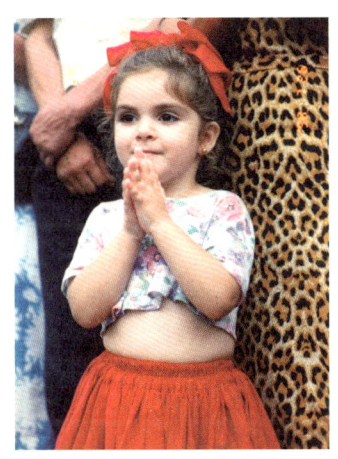
可爱的约旦小朋友

我们和约旦皇室乐团同台,古代文明和现代文明在这里交融,阿拉伯文化和中国文化在这里碰撞,大人和孩子在这里同乐。

我们瞻仰了被誉为世界十大奇迹之一的杰拉什玫瑰城遗址。我们仿佛回到了几千年前,天空、大地、积沙、石头、山坡、城堡、雕塑全部被大自然装饰成了玫瑰色,古朴、壮丽、久远。夕阳的余晖把游人及唯一的交通工具——骆驼也染成了玫瑰色,像火烧云笼罩着我们,又像烈焰欲把我们吞噬燃尽——这就是在杰拉什玫瑰城邂逅的惊心动魄,绝无仅有的神奇之美。突然不知从哪个国家游人的录放机里传来了美国电影《泰坦尼克号》的主题曲,席琳·迪翁如泣如诉的歌声一下又把我们拉回到了近现代。古代、近代、现代,真、善、美,生、死、离、别,是大自然的规律,是历史发展的本然,也是艺术家的永恒主题。

我深深感悟到,艺术是没有国界的。可不?我们的舞蹈在这遥远的国度,同样被人看懂,同样受人欢迎!

约旦皇家乐团与我们同台

▶ 以色列、约旦之行

约旦国际艺术节后大合影

前往约旦古罗马剧场观看演出的约旦妇女

我在约旦杰拉什

全团在中国驻约旦使馆受到大使等领导的接见和宴请

次日,我们被安排到侯赛因国王和努尔皇后的爱女海娅公主的艺术中心联欢。可爱的约旦小朋友在脸上画着约旦的国旗,或动物的图像,举着中约两国的国旗前来参加。艺术中心人声鼎沸,热闹非凡。我们的"友谊火车"又开到了安曼,清脆的"约旦,hello!约旦,hello!"响彻整个艺术中心。友谊之情在这里传递,友谊之花在这里盛开!

约旦国家电视台对我们的演出和活动进行了多次播放。

晚上中国驻约旦大使接见我们,表扬我们在中东外交上所做的贡献。使馆官员亲自陪同我们观赏安曼迷人的夜景。街上家家都点着阿拉丁圣灯。风婉约地吹,云含情地飘,香袅袅地燃。裹着黑袍蒙着面纱的约旦妇女神秘地在街上闲逛,那美丽深邃的目光向我们投来友好善良的笑意。夜市上小贩向我们兜售着阿拉伯商品。国际间的友情,人心之间的仁爱,在回眸之间流连,纵然异国殊途,也会永存心间。我们将这一切锁在了眼里,定格在生命中。

# 东欧再创辉煌

二〇〇〇年，以南山实验学校为主体组成的深圳少儿艺术团受国家文化部委派，先后参加了在乌克兰举办的克里米亚明珠艺术节和波兰比得哥什国际音乐节，并顺访俄罗斯。这是南山实验学校继在贝宁、多哥、法国、罗马尼亚、约旦、以色列等成功出访后，代表中国儿童前往东欧进行的又一次文化交流活动，也是中国实施素质教育取得丰硕成果的又一次展示。

七月，乌克兰的多赫，中国孩子成了热点。多赫市位于克里米亚半岛东南部，濒临黑海，是一个有着二千六百年历史的港口城市。

七月三日晚，克里米亚明珠艺术节在这个海滨城市拉开了序幕。

在节奏欢快的开幕式进行曲中，来自中国、乌克兰、波兰、俄罗斯、阿塞拜疆、格鲁吉亚、哈萨克斯坦、拉脱维亚、立陶宛九个国家的三十六个演出团体两百多名演员依次走上舞台。第一次在这种盛大场合亮相的李佳、吴艳琴、常艺矛、魏长瑜、林珊珊、何京亚、梁菲菲等，瞧瞧台上，在下面嘀咕："哇！好酷的服装，看！金发碧眼，好高大！""别怕，又不是比个子！"小巧的中国演员互相打气。果然，我们的孩子几个动作下来，表现的确精彩。

乌克兰克里米亚明珠艺术节开幕式,穿彝族服装的是中国儿童。

在乌克兰全团合影

　　隆重辉煌的开幕式,各国儿童的艺术在这里交汇,各自的风采在这里展现。优美舒展的芭蕾舞、粗犷豪放的民族舞、不拘一格的现代舞、天真烂漫的儿童舞,渲染着欢乐,喷涌着激情。

面对从小在艺术氛围中长大的欧洲孩子，我们的小朋友毫不怯场。一个《红披毡》让观众发现中国儿童的表演这般不寻常。池一冰干净利落地挥动着火红的披毡几十个原地"点转"，像一团烈焰把她包围。彭敏思展开披毡旋风似的"平转"让整个剧场响起了狂风暴雨般的欢呼声。年龄最小、个头最矮的中国孩子以自己的美妙舞姿、高超技巧征服了挑剔的专家评委和乌克兰观众。

满头银发的主席登台宣布了比赛结果。"我们是第一名！"在大家惊呼下，我和团长陶广放从组委会主席手里接过了证书和奖杯。主席和我们久久拥抱！我发自内心地感激，直说："谢谢您，谢谢评委！谢谢对我们的肯定。"

多美的黑海，美得像紫黑水晶。多靓的克里米亚，靓得像明珠熠熠生辉。多雄伟的黑海舰队，保卫着这里的安宁和平！

在刻赤，万恶的法西斯匪徒曾经残酷杀害一万多名军民和未成年的婴儿，面对孩子们的墓地，我们义愤填膺。为躲避敌人突袭的苏联地下隐蔽室和防空洞，第聂河畔一尊尊已经冷却下来的火炮、坦克，以及二战胜利纪念馆，历史在控诉着法西斯的滔天罪行。战争对人们的杀戮和人性的毁灭，让我们震颤和刻骨铭心。

陵墓前，一位老奶奶领着年幼的孩子在无名烈士墓前注目凭吊，那么肃穆，那么虔诚。一对对新人在第二次世界大战烈士纪念碑前举行婚礼，那么神圣，那么庄严，那么幸福。当我们的孩子长大以后，他们会对这一幕幕场景的启迪铭记在心！

我们到乌克兰的首都基辅演出，这里的绿化率在90%以上，绿树掩映，遮天蔽日，空气好极了，俨然是个大氧吧。城里随处都是纪念二战时期牺牲的战士的雕像。

坐在大巴上远远就看见了"华为"高高耸立的广告牌，大家惊呼起来："看！华为！我们深圳的华为！"两个巨大的汉字让人感到既亲切振

在乌克兰二战纪念碑前

与乌克兰街头艺人合影

奋,又无比骄傲。那时我们的民营企业"华为"就打进了中东欧。

教堂附近飘来了三个男高音的歌声,那美声嗓音好听极了。三个人三个声部既和谐又美妙。原来是三个穿戴整齐的街头艺人。他们的音乐修养都很高,自己弹着吉他伴奏,我们被吸引了过去,静静地聆听。一曲唱罢,大家都热烈鼓掌。在他们面前放了一个盒子,愿意给钱的就放进去。

不远处还有一个穿背带裤,头戴小红帽,十岁左右的小男孩在拉小提琴,那悠扬的琴声如泣如诉,非常美妙动听。

我历来很尊重这种靠手艺或者靠劳动挣钱的人,我走过去把包里的零钱也放进了他们面前的盒子里。

我们由波兰首都华沙抵达中部城市比得哥什,参加这里举办的比得哥什国际音乐艺术节。艺术节迎来了中国、波兰、匈牙利、乌克兰、土库曼斯坦、土耳其、比利时、斯洛伐克、捷克等十四个国家的艺术团。艺术节传统的市区巡演是各国艺术团展示自己风采的时候,这天天公不作美,一大早,小雨就淅淅沥沥下个不停。盛装的各国小艺术家们,冒着雨兴致不减地在鼓乐声中走上街头载歌载舞。

我们中国深圳少儿艺术团拿出了长于街头表演的行进节目。小演员忽而一字排开,像展翅的飞燕,忽而围成一圈,像盛开的花朵。沿途观众不停地挥手鼓掌。

▶ 东欧再创辉煌

波兰比得哥什国际艺术节开幕式

中国小演员在波兰街头边走边舞

雨中曲

    队伍刚靠近广场，雨越下越大，像是对各国艺术团的亮相进行评说和检验，转瞬间由稀疏短暂的点评变成了喋喋不休的长篇大论，哗哗地下个不停。多亏李校长急中生智冲进商店里买来一大卷塑料薄膜，和团长、陶局长共同撑起了一个"天棚"。孩子们拉着其他国家小朋友一起钻了进去，整个一个国际大家庭！

    在欢乐的开幕式乐曲中，各国艺术团团长依次走上主席台，在鲜艳的五星红旗引导下，满面红光的陶团长与小演员代表郑重地接过组委会赠送的盐和面包——东欧民族献给尊贵客人的厚礼。

    在比得哥什的首次亮相，中国孩子没有含糊，舞蹈、器乐个个出彩，小荷初绽就使评委、波兰观众和其他国家代表刮目相看：不起眼的小个子中国朋友竟有这般技艺。乐曲终了，波兰国家电视台一频道记者立刻追过来采访。多个国家艺术团的团长前来拉着孩子们合影，真诚地交口称赞："虽然各国的表演风格不同，但你们是最棒的，你们的节目最好看！"

波兰国家电视台在早间新闻中，对我和中国深圳少儿艺术团做了专题介绍，还派车把我们接到电视台现场表演。比得哥什报刊对艺术节开幕式作了大篇幅报道，我们的剧照赫然出现在头版头条。

七月二十一日，比得哥什艺术节正式进行比赛。当晚，我们参赛的是狮舞节目《欢乐的节日》，孩子、狮子、红绸，像一团团跳跃的火焰，像一簇簇流动的花团，美极了！观众大开眼界，欢呼声、呐喊声、掌声汇成了山呼海啸般的奏鸣曲。

乐曲终了，孩子们跑下舞台，可观众仍未尽兴，非要再饱饱眼福！掌声、欢呼声一浪盖过一浪，一浪高过一浪。不得已在我指挥下孩子们又跑向舞台反复谢幕，并表演各种舞蹈技巧：原地前桥、原地后桥、圆圈跤柱、圆圈抢脸……

波兰国际儿童艺术节开幕式后全团合影

波兰艺术宫尤拉大婶和孩子们

在舞台边等了好久的"追星族",比得哥什艺术宫主任,热情奔放的尤拉大婶连拥带抱地把孩子们拢到自己怀里,捧出大把糖果犒劳小演员,她亲亲这个,吻吻那个,索性对李校长说,我可不可以留下两个,我家的房子很宽大。李校长哈哈大笑,您可以随便挑。校长发话了,孩子们撒起了娇,卖起了乖,"留我,留我!"把尤拉大婶团团围住。"哇!十四个,我全要,我全要!"尤拉高兴得开怀大笑。

这天,中国深圳少儿艺术团来到了几十公里外的图赫拉镇,镇中心的广场沸腾了,"倾巢出动"。一曲古筝独奏《战台风》刹那间在镇上掀起了狂风暴雨,奏出的排山倒海气势,很酷!转瞬间又奏出风平浪静、流水淙淙的静谧,很美!神秘的中国乐器,不可思议,奇妙无比。小镇观众如痴如醉。

舞蹈《竹筒声声》压阵,红色的衣裙像天边飘动的红云,黑色的长发像飘逸的丝绒锦缎。曲终舞尽,镇上的观众围过来,赞不绝口地说:真美!真美!黑头发真美!

▶ 东欧再创辉煌  157

在波兰小镇演出结束谢幕

在波兰小镇演出结束,组委会献上鲜花。

组委会想要大家体验一下波兰人的生活,特意安排各艺术团在郊外野炊。湛蓝的天空、轻盈的白云、无际的草原、浓郁的友情,各国小朋友做起了游戏。在中国小朋友倡议下,玩起了"木头人"。"我们都是木头人,不许说话,不许动。"一个个孩子变成了千姿百态的"木桩",搞笑的模样、造型,让大家忍俊不禁。

第二十三届比得哥什音乐艺术节在市中心体育馆里举行,我国小艺术家都拿出了自己的看家本领,我们的狮舞《欢乐的节日》被安排在最后一个。团长和我的心里有了底,能被苛刻的评委看到眼里,作为整台晚会的压轴戏自然不会错。但大家还是没想到,热情的观众用掌声和欢呼声把我们的孩子捧到了"天上"。

从孩子们舞着红绸进场开始,"啪,啪,啪,啪!"整个舞蹈几乎要成了有节奏的掌声在伴奏。两只小狮子蹦出来,观众激动不已。谢幕了,观众逮住不放,为了答谢观众的厚爱,十几个孩子在原地翻起跟斗,体育场顿时炸开了锅。

在波兰音乐艺术节领奖台上

▶ 东欧再创辉煌　　　159

小演员池一冰道别比得哥什艺术节

与波兰艺术节组委会人员合影

比得哥什交响乐团指挥激动地说：中国来过四个艺术团，最令我惊奇的是这次，万万没想到孩子这么小，功夫这么好！演出效果这么棒！观众是用激情和掌声把孩子们留在台上不让下去的。

更令我们没有想到的是，颁奖仪式上，深圳的孩子们拿到了"最佳儿童舞蹈表演奖"。组委会向我们颁发奖状、奖杯外，还特地奖励了我们一台巨大的音响，十八个孩子脸上绽开了十八朵花。

波兰国家教育部艺术委员会主席克利丝蒂娜激动地再三表示欢迎中国艺术团再来的愿望。比利时、土耳其、俄罗斯等国艺术团当场纷纷邀请我们到他们国家演出。

台前的成功，来自台后的艰辛，对于平均年龄不到十岁的这批小演员来说，他们经历了多少个第一次。第一次跨出国门走向国际舞台，第一次离开爸爸妈妈的悉心呵护，第一次学着所有演出的事情自己做。一路转场，一路风光。孩子们拖着服装箱，八岁的小高个周琪打头，常艺矛压阵。他们举着国旗排成一行，形成了一道奇特的风景线，轰轰隆隆，煞是有趣，引得比得哥什、基辅火车站的乘客纷纷驻足观看。

有了前两次的经验，这次我们把所有困难都想到了，却怎么也没想到最大的困难出在饮食上。

在波兰不像在非洲、法国或以色列、约旦，顿顿大餐——烤全羊、烤鸡、鹅肝酱、各式点心、水果。这里只有两三片面包，一块黄油，两片西红柿，三片黄瓜，几勺汤。大人们也几十年没有过这种定量的日子了，在蜜糖罐里长大的深圳孩子互相问："谁带了榨菜，借我一点。"小伙伴紧捏着榨菜袋一脸的爱莫能助："我也没几根了。"看着孩子们的模样，大人们忍不住请翻译转告厨房："给中国孩子煮点米饭可以吗？"所带的榨菜也集中起来，米饭就着榨菜还成了美味佳肴呢。

饭碗刚放下，孩子们自觉地紧贴着墙壁练起了基本功。

闭幕式演出在比得哥什庞大的体育馆举行，那里的舞台又大又气派。

扮演火车头的林雪芬，是深圳南头田夏村农民后代中第一个走出国门演出的孩子，虽只有八岁，也不惊不慌方寸不乱，牵着整列"火车"，其他孩子紧随其后，围着巨大的场地转起来，硬是没有"脱轨"。

二十世纪八十年代末国际形势风云变幻，东欧国家对中国由熟悉变得陌生。今天的中国怎样？改革开放的深圳又怎样？参加比得哥什艺术节的各国朋友们正是从中国艺术团这十八个小演员身上看到了中国的现状。

第一次演出结束，艺术节主席就通过翻译仔细询问我们，你们孩子表演的狮舞自古以来就是这样的吗？你们有加工编排吗？得到肯定的回答后，他们又抚摸着古筝感慨地说："以前听说过中国有这种奇妙的乐器，这回可真听到了。"

语言的障碍，风俗的不同，在有着高度艺术修养的波兰人面前一下化解了。铿锵激进的旋律，优美舒展的舞姿，精彩娴熟的表演，把彬彬有礼颇具绅士风度的波兰人的心扉打开了。

原来他们那么热情，那么奔放……

七月十六日，中国驻波兰大使馆孙大使接见我们时说："通过文化交流的方式增强中国和东欧国家人民的相互了解，你们少儿艺术团做了一件很了不起、很有意义的工作。"中国大使馆文化处于秘书长的一句话很贴切："中国今天怎么样，看看我们的孩子！"

我们和各国代表团被安排前往波兰远古历史博物馆参观二千七百年前波兰人祖先生活的遗址。波兰人在遗址周围刻意用心保护着的原始生态环境在我们的眼前展开：静谧的湖泊森林，悠闲的天鹅家族，广袤无际的绿色草原。其他还有印刷博物馆、火车博物馆等。我们不能不为波兰人用心保护民族文化遗产的做法和强烈的环保意识赞叹。

组委会还安排我们参观了科学家哥白尼和钢琴家肖邦的故居，对这两位伟大科学家和音乐家，我们由衷钦佩。

我们在乌克兰、波兰参加完国际艺术节后顺访俄罗斯。

获比得哥什国际儿童艺术节一等奖后,中国驻波兰大使馆领导接见少儿艺术团。

中国驻波兰大使、参赞与全团团员合影。

与张鹏校长带领孩子们参观波兰乡村博物馆

在波兰肖邦塑像前合影

在俄罗斯红场外一角

我们到莫斯科的当晚住在大酒店第三十五层。李校长心疼孩子，怕孩子们饿了，他下楼去给孩子们买些食品。我们带着小朋友在房间里玩耍游戏。突然全楼漆黑一片，伸手不见五指，停电了。李校长怎样？会不会困在电梯里？大家有些担心。可人生地不熟，语言也不通，到哪儿找去？无奈之下，只有集中在房间里。我们摸黑轮流给小朋友讲故事，等着来电，等着李校长回来。过了四五十分钟，来电了，李校长也才回来。果然他一迈进电梯就停电了，他在电梯里被困了几十分钟，幸好没有带小朋友。见他平安回来，我们才放下心来。

第二天去莫斯科市区参观，首先参观了红场、克里姆林宫、柴可夫斯基音乐学院、地铁站、博物馆。红场很大，外面有人装扮成革命领袖列宁、斯大林，像极了，只要给钱就与你合影。红墙外有一块地方，永远燃烧着一团火焰，象征着革命烈火永不熄灭。

我们排着大长队，按顺序进入克里姆林宫，那里是前沙俄、后苏联、现俄罗斯领导办公的地方。宫殿旁还有教堂，有宽阔的草坪，有苏联红军打仗时留下的各种大炮。我们随着络绎不绝的人群参观完后，出来在红场照了一个集体照留作纪念！

▶ 东欧再创辉煌　　　165

在莫斯科红场合影

在俄罗斯瓦西里布拉仁大教堂前合影

俄罗斯地铁在全世界都享有盛名，深入地下有四层，我们站在陡峭的自动扶梯上都不敢回头往下看。我们千叮咛万嘱咐孩子们抓紧扶手，小心脚下，别往下看。她们在前我们在后，万一摔下来我们用身体还可挡住。

俄罗斯的地铁站确实名不虚传，每一个车站都富丽堂皇，豪华得像皇宫。金色的大圆柱上，高高的车站屋顶上全是各种精美浮雕，商店里熙熙攘攘的人流进进出出，各种世界名店和工艺品店装点着巨大的车站。大理石的地面、墙壁光滑整洁。我们紧拽着小朋友们的手，生怕在这迷宫里走丢一个。

民间流传着"俄罗斯三大宝"的说法：地铁、美女、冰激凌。俄罗斯姑娘在三十岁以前的确美艳如花，金发碧眼，身材丰满、性感、高挑婀娜。但到了中年，就发胖发福，全身松垮，感觉也不修边幅，全然一个大妈了。冰激凌既然有那么高的声誉，我们就给小朋友们买来品尝。她们都说："真好吃。"用舌尖舔着，生怕一下吃光。

晚上去看著名的莫斯科大马戏团的演出。在小丑的介绍下，首先出场的是驯狮表演。表演区在观众中央竖起了一道高高的坚固的圆形铁丝网。十二头猛狮在一红衣金发女郎的带领下发出震耳慑人的吼声，依次跑出来张着血盆大口，匍匐在铁丝网内一圈平台上。驯兽美女指着谁，谁就跑到表演中心穿火圈、跨栏、踩皮球、踩跷跷板。每表演成功，在观众的掌声下，驯兽女郎就扔给它们一块肉作为奖赏。这些号称"草原之王"的夺命野兽在她的训练下，服服帖帖的，像一只只温顺的绵羊。最好玩的是表演完后，它们还站成一排，点头答谢观众的捧场。我们不得不佩服马戏团驯兽女美丽外表下的勇敢骁健。

其间不断有滑稽幽默的小丑表演，插科打诨，松弛观众紧张的神经。

最惊心动魄的节目"走钢丝"来了。我们的走钢丝，杂技演员在水平的钢丝上表演。俄罗斯大马戏团的走钢丝是在陡峭的斜线上表演。钢丝的一头固定在平台上，一头则固定在剧场穹顶，好高好长，没有任何保护措施。还要在上面做着各种高难动作。演员手上握着一根长棍,也许是平衡重心用的。

从演员上台到表演完,我一直不敢看,头都埋到座位下了还屏住呼吸紧闭着双眼。只听见观众时不时惊吓的叫喊声。我期望演员早点安全结束。可偏偏感到时间过得特慢,那几分钟像一世纪。终于暴风骤雨般的掌声迎来了他的安全落地。我抬起头满含热泪地向他鼓掌,致谢。这时才看清那是一位很年轻帅气的小伙子,黄头发,蓝眼睛。虽身怀绝技,可那是用生命在表演啊!

走出剧场,我不无感触地对张校长说:"如果是我的孩子,我宁愿讨口养活他,也绝不让他干这种危险的工作。也许是生活所迫,上帝呀,请保护这个年轻演员永远平安吧!"

俄罗斯学生艺术团的男孩子真棒

我们看了一场原汁原味的俄罗斯芭蕾舞《天鹅湖》，那美轮美奂的舞蹈，无与伦比的音乐，梦幻神奇的场景，让人痴迷陶醉。王子和白天鹅的坚贞爱情，虽然早已知晓，仍然感动人心。演出完了，大家流连忘返，久久不愿散去。

人们歌颂真、善、美，发现真、善、美，创造真、善、美。真、善、美就在你我的身边！

我们一行坐火车到了圣彼得堡，俄罗斯的火车车厢没有硬座，都是铺有地毯、挂着壁毯的软卧，只不过比较旧了。窗外掠过的是一排排高大的白桦林，那些树干像涂了一层白色的涂料，实际上是它们天然长成的。苏联的著名舞蹈《小白桦林》也许是受它的启发而创编的吧？

抵达圣彼得堡，我们住的酒店就在涅瓦河畔。奔腾不息的涅瓦河养育着勤劳勇敢的俄罗斯人民。我们登上了二战时期打败希特勒立下显赫功劳的军舰参观。我们到河边的英雄纪念碑吊唁，退役老军人身戴勋章给我们讲述着苏联红军的英勇事迹。

我们参观了附近的小学，与俄罗斯小朋友愉快联欢，做起了中国游戏"击鼓传花"，鼓声一停，谁被花击中了谁就表演节目，中国孩子表演中国节目，俄罗斯孩子表演俄罗斯的，煞是有趣、开心。

圣彼得堡靠近挪威，每年有几天没有黑夜，是他们的白昼节，大家通宵达旦欢歌起舞，庆祝这一传统节日。半夜一点了天还大亮，我们也毫无睡意，在当地接待方的带领下，参观大桥分开的壮观景象。涅瓦大桥白天合拢连接两岸的交通，各种车辆和行人在上面疾驶通过。晚上巨大的桥身会分开，便于大型船只在河上穿梭，这一宏伟景观吸引众多游人参观。

我们在圣彼得堡这座历史名城参观了俄国女皇叶卡捷琳娜居住的夏宫、东宫，巍峨壮观。那里陈列的顶级历史文物、文化宝藏、园林景观、奇花异草，堪比法国的凡尔赛宫。

俄罗斯是艺术家的摇篮，大文豪屠格涅夫、列夫·托尔斯泰、高尔基、契诃夫，大画家安德烈·卢布廖夫、卡尔·布留洛夫，大音乐家柴可夫斯基、拉赫玛尼诺夫，大舞蹈家乌兰诺娃等，永远屹立在世界文化之林的宝座上，傲视天下。

我们带小朋友参观了高尔基、普希金的家乡，分别拜谒了这两位伟大的作家、诗人，高尔基汹涌澎湃的豪情名句"让暴风雨来得更猛烈些吧！"那搏击长空的巨大胸怀在我们的心间激荡。我们采撷了一束束鲜花，敬献给了长眠于此的高尔基、普希金。

走在圣彼得堡涅瓦大道上，大道又宽又直，感觉有数公里长。圣彼得堡已有三百多年的历史，城市完全保留了从前的风貌，没有乱拆乱建的现象。而且那时的建筑很有特点，风格浓郁，很有厚重感、历史感。经过战争的洗礼，岁月的沧桑，能保存得那么好，不得不佩服他们对历史的尊重，对历史文明的景仰。

在普希金家乡

## 从艺术之城到音乐之都

应意大利"翡伤蒂纳联合政府"和"奥地利——中奥关系促进会"的邀请,经国家文化部批准,由南山实验学校为主体的中国深圳少儿艺术团于二〇〇二年七月在意大利佛罗伦萨地区七个城市和奥地利音乐之都——维也纳进行了友好访问和演出。

这是南山实验学校艺术团第四次由国家文化部公派出国访问。

"车轮飞,汽笛响……"载着中国儿童的友谊,载着深圳素质教育的丰硕成果,"友谊火车"又一次驶出校园,穿行在阿尔卑斯山南北,行驶在艺术之乡佛罗伦萨、音乐之都维也纳。

短短十多天,三个国家、十多个城市、十多场演出,一路传递中国改革开放的信息,一路播撒友谊的种子。

《月琴之歌》《我和小伙伴一起飞》鲜亮艳丽的服装,精彩纷呈的编排,生动活泼的童趣,优美的一招一式,出神入化,打动人心。每场演出结束,孩子们灿烂的笑容、精彩的节目都赢得观众如雷的掌声、喝彩声,这是各国观众对中国少儿舞蹈的赞赏与认同。

在圣戈登佐的演出,孩子们不得不一遍遍走上舞台一次次鞠躬谢幕,

在意大利演出，到处是我们的宣传画。

以答谢热情的观众。演出结束，已经深夜一点钟了，团长才发现市长一直悄悄坐在观众席间。第二天，市长在他的官邸接见了我们几个代表，盛赞我们的演出并与我们合影留念。

在位于佛罗伦萨的市郊演出，气温骤降，只有几度，演出又是在露天体育场。大家都冻得浑身发抖，孩子们穿着薄绸轻纱的演出服，更是冻得牙齿直打战。她们一边蹦跳着热身，一边下腰压腿活动开筋骨。不用老师

在意大利演出,天气骤凉,孩子们穿着薄薄的演出服,仍然精神饱满。

招呼,这些都成了她们的常态。在严寒下,孩子们照常演得有板有眼。

十岁的李诗妍是第一次出国演出,她的节目不多,每次演完她就悄悄在一旁帮着大人搬运道具。因为是临时替补,她被安排和王子运在《欢乐的节日》里合演狮子。一个跳狮头,一个扮狮身,狮子倒是跳得欢快活泼,狮皮下可是吵得热闹。一进场还没喘过气,李诗妍就冲着王子运喊:"你怎么老是踩我的'毛'(狮子服装)?"王子运更不饶人:"你不把我的腰,老把皮使劲往后拽,你想把我勒死啊!"

整场演出间场时间只有几分钟,她们从头到脚抢妆、换装有条不紊,台上表现一丝不苟,搬迁辗转抢着干活,领队的文化部官员不止一次地夸奖:"深圳艺术团的这些孩子真能干,老师调教得太好了。"

从威尼斯到佛罗伦萨,从比萨到罗马……每次拖着大行李箱上下火车,没有一个孩子叫苦叫累,没有一个孩子不适生病,没有一个孩子不行落下。

《我和小伙伴一起飞》剧照

《欢乐的节日》剧照

《我们生长在这里》剧照

意大利官员给小演员颁奖

可爱的艺术团小朋友,她们的每套生活服都是我设计的。

艺术团在意大利佛罗伦萨与当地学生联欢后合影

在意大利小镇演出后

休息时小朋友在玩踩高跷

在意大利的最后一场演出，大区主席、市长和文化局长亲临现场，为孩子们颁发了荣誉证书和一份大礼。

佛罗伦萨位于阿尔拉河谷的一块平川上，四周环抱着绵延不断的山川丘陵，植被茂密，苍翠欲滴。难怪徐志摩先生把它译为"翡冷翠"。

佛罗伦萨又是一座具有悠久历史的文化名城，大约是艺术之神对它特别钟爱吧？欧洲文艺复兴发源于这片广袤的土地，并在此繁衍。从覆盖着大街小巷的石块里渗透出来的是艺术，从大小教堂建筑花岗岩、大理石的结构里流溢出来的也是艺术，散发在空气中，弥漫在每个市镇。

意大利的"三多"，在这片大地上得到诠释：热情的意大利男女，遍布市镇的文化遗迹，宏伟神圣的座座教堂。

演出访问的间隙，组委会还安排我们到学校联欢，与意大利小朋友交流，特别安排艺术团参观了意大利的国宝：乌菲齐画廊、西尼奥列广场、美第奇家庭宫殿，这些意大利的骄傲；达·芬奇、拉斐尔、米开朗琪罗，这些文艺复兴巨匠的不朽巨作；罗马竞技场、比萨斜塔、水城威尼斯，这些孩子们早就神往的地方和教皇居住的国中国——全世界最小的宗教国家梵蒂冈。在梵蒂冈，我压根儿没想到因我穿的无袖衫而被拒之门外，我正为不能进去参观感到遗憾时，聪明的常艺矛把她的演出披肩给我披在肩上，门卫马

在梵蒂冈，穿无袖衫不让进，学生机智地给我披上演出用的红披毡。

上礼貌地让我进去了。真是青出于蓝胜于蓝，比老师反应还快，更有智慧。置身其中，亲临现场，孩子们仿佛感受到了什么是欧洲历史，什么是西方文化，什么是宗教，什么是信仰和它的威力。

快人快语的托斯卡纳省文化厅厅长是欧洲最重要的文化官员之一。她手里掌管着40％的欧洲文化遗产，厅长对艺术团的来访表示了诚挚的欢迎，对孩子们的演出表示了由衷的赞赏，并风趣热情地表示："希望中国有十亿人来佛罗伦萨。"

艺术团到达的第一天，就感受到意大利人热情的接待与充满诗意的浪漫。当天晚餐就安排在绘制着巨幅油画《最后的晚餐》的教堂膳食间。

最后几天，不是安排在山顶野炊，就是在有一百五十年历史的葡萄酒庄园"自助"。

佛罗伦萨副市长在十五世纪的美第奇家族华丽的艺术宫殿"红厅"会见了艺术团的代表。市长代表总督对艺术团的到来表示热烈欢迎，希望两国人民继续加强友好关系，并有更大范围的交流。

意大利佛罗伦萨市长接见艺术团代表

我在佛罗伦萨

艺术团驻地在佛罗伦萨西北部一个空气清新风景宜人的修道院度假村。一进门就看见一块欢迎牌:"亲受的朋友,欢迎你们。"小朋友不解地问:"罗老师,怎么是亲受的朋友?应该是亲爱的。"原来这是组委会负责接待的Mrine小姐精心书写的。她是一名大学生,曾在北京学习过三个月的中文,汉语老师给她取了个中国名字"蝴蝶"。作为义工的她担任艺术团的翻译。三个月的中文水平,写个错字很自然,还要担任翻译已经很不简单了。

艺术团的演出一般都安排在晚上。每天早上蝴蝶来到驻地就和司机带我们去开始一天的行程。内容十分丰富,或去参观名胜古迹,或去公园玩耍,或去森林游览,或去学校联欢。

蝴蝶热情却也固执,活泼且有原则。一天早餐后,她发现我们小朋友

与可爱的蝴蝶小姐合影

在蝴蝶写的"亲受的朋友"前合影

的餐桌上全是啃了一口的西瓜,有些点心也是尝了一点就扔在桌上,她很严肃地批评说:"你们这是浪费。从小要懂得珍惜别人的劳动成果。全世界还有很多小朋友在受苦受难,没有饭吃。"当时大家都很惭愧。李校长马上召集会议,做了批评与自我批评。我当时感觉她的这番话不像是出自一个生长在资本主义社会的人,倒像是出自一个中国人之口。可见言与行的统一是多么重要,孩子品德和习惯的养成是多么重要。李校长特别强调了:做人!做中国人!做特区的中国人!蝴蝶和李校长给大家上了一堂生动及时的思想品德教育课。

我想孩子们会终生难忘的。从此她们更加喜欢蝴蝶姐姐,她们和蝴蝶的理解和友谊在磕碰和摩擦中不断增进。

一次,车在路上行驶,一只小鸡挡住了道,司机紧急刹车,蝴蝶赶忙收集脑袋里的中文"词库",第一时间向大家通报"突发事件"。她指着鸡说:一只会走路的蛋在前面挡了我们的道。大家忍俊不禁,哈哈大笑起来。

在威尼斯的最后一天,蝴蝶难以面对分手的情景,率先抹起眼泪,孩子们和她紧紧拥抱在一起,难舍难分。随着开往维也纳的火车笛声响起,蝴蝶和孩子们的抽泣声响成了一片。

我们终于到了心驰神往的音乐之都维也纳,这里仿佛空气里都散发着轻快的音乐,河里流淌着美妙的旋律。这里诞生了一大批享誉世界的著名音乐家:莫扎特、贝多芬、海顿、舒伯特、约翰·施特劳斯、卡拉扬等,孩子们从这里第一次知道了这些世界顶级的音乐大师们。

演出前的空隙,我们去拜谒了他们的故居、博物馆、陵墓,敬献了花篮。在这些活动中,孩子们认识了他们给世界音乐所做的伟大而不朽的贡献,无论在哪,只要听见播放的音乐就会马上喊出:《蓝色多瑙河》《生命交响曲》……这就是潜移默化,这就是眼界洞开。

当然,组委会还安排我们参观了闻名世界的维也纳歌剧院、金色大厅以及国家花园、美泉宫(西西公主的宫殿)等名胜古迹。

全团在奥地利维也纳皇宫前

在音乐家约翰·施特劳斯铜像前

▶ 从艺术之城到音乐之都　　183

在奥地利音乐家陵墓前敬献鲜花

在奥地利美泉宫

比赛前,小朋友在练功

"小云雀"谷浪在演出前看谱

▶ 从艺术之城到音乐之都 185

开演前休息时,文化部官员赖祖金、张校长、陈校长与我。

天气炎热,打着伞观看演出的小观众。

中国演出团队的外国小粉丝

在维也纳演出，中国驻奥地利大使馆文化参赞和其他官员、奥地利中奥关系促进会主席汤斌及成员，中奥各界友好人士从四面八方会集到演出地点。

演出结束，中国驻奥地利文化参赞为孩子们的表现所感动："你们的演出是很成功的，你们向奥地利带来了中国改革开放的信息。"参赞还盛邀艺术团成员到各国政要和名人频频光临的餐厅欢聚。

艺术团所到之处，外国友人都纷纷主动和我们的小明星合影留念，询问我们："你们是日本的？"我们说："No！""韩国的？""No！"孩子们齐声骄傲地回答："我们是中国深圳的！"

我们每一次出访，除了部里、市里的领导外，李校长、张鹏副校长、陈宝莲副校长既是领导，又是孩子们的一切保障，包括外事、安全、演出、生活、运输、食宿、宣传等。李校长负责全面管理、对外联络和承上启下的工作，演出时还兼管灯光、音响、派发节目单。张副校长负责摄

"我们是中国深圳的！"

影、摄像、撰稿、宣传，每天及时与学校、教育局、家长汇报、沟通。陈副校长负责全团生活起居、经费、安全、健康、服装。我主要负责排练、演出、艺术质量、化装和前后台事宜。

我们几个既是老师又是保育员、搬运工。运输行李，搬运道具，舞台迁换……为出访演出的圆满成功，为增进中国和世界儿童的友谊，为儿童素质的全面提升，我们愿为学生付出一切。李校长、张副校长、陈副校长他们在培养学生全面发展和教书育人上的经验，以及处处为人师表，高尚的职业道德，给我们树立了很好的榜样。

在各级领导的支持和关爱下，深圳南山实验学校少儿艺术团成为一个高水准的少儿艺术团体，一个充满爱心的和谐家庭，一个启迪心灵的知识课堂，一个展示才华的广阔平台。时间在推移，事业在发展，如今儿童舞蹈艺术不仅在深圳，在全国也如雨后春笋般蓬勃发展。百花齐放的局面正在出现。愿我们的老师为孩子们创编更多更好的反映他们自己生活的作品，用我们的心血继续为文化教育事业，为下一代健康成长的人文环境编织出五彩缤纷的璀璨天空。

## 你们培养的孩子，了不起！

我们豪情万丈，载誉归来，深圳南山实验学校少儿艺术团的名声大噪。几乎每天都有接待任务，全国各地包括港、澳、台的学校、教育机构慕名前来学习、参观的人络绎不绝。

我们经常参加深圳市里的各种比赛，大型演出任务也多，如教师节、中小学艺术节、儿童节、少儿花会等，总是好评如潮。深圳的教师节大型晚会，由我创作的有六十个学生参加的舞蹈《我们是共产主义接班人》一举拿下表演一等奖、创作一等奖、最佳编导奖（唯一一个）。参加中国文联、中国舞协主办的"小荷风采"比赛，《孩子·鸽子·明天》荣获全国一等奖。

在深圳全市中小学运动会上，我担任开幕式总导演，从主题、总体结构到策划执行，从教大家画坐标图到每一场的分场副主题、到动作，与大家反复创作和研究。这得益于我参加四川国际熊猫艺术节担任分场编导的经历，最终向全市人民和家长交了一份满意的答卷。

在香港回归，欢送驻港部队的大型活动中，我受命担任分场编导和分场指挥，这些都发挥了我在成都参加大型活动积累的经验和能力。我还负责创作当年深圳电视台"六一"整场晚会的节目,中央电视台全程播放。

当然,我们始终牢记学生以学为主的前提。我们艺术团的学生在全校领导、老师的支持、关怀、教育帮助下,个个品学兼优。比如刘然九岁就被选为深圳市优秀少先队员、十佳优秀学生,邱璐璐等多名学生被选为南山区优秀少先队员、十佳优秀学生。

来参观的人最感兴趣的问题是她们舞蹈这么好,影响学习吗?成绩如何?其实这并不矛盾。首先舞蹈对综合能力的培养是显而易见的。跳舞必须能吃苦,练基本功又苦又累又疼,培养了她们吃苦耐劳的能力,同时培养了她们学习的主动性和创造性。一进舞蹈教室,只要没到训练时间,她们总是在抓紧时间做作业、背课文或探讨试题,并能互相启发、讲解、交流、沟通。她们的互助精神、集体主义精神、自信心、集体荣誉感都是在跳舞和参赛过程中培养的。

一天,我病了,且病得不轻,发着高烧,全身疼痛无力。我想挣扎着去舞蹈教室上课,一个趔趄重重地摔了下去。我只好爬到床上摸出手机给班长池一冰打电话,要她带着同学们活动活动,把头天学的内容复习一下。班长和副班长李佳正带着练功,南山教育局局长、李校长带着一大批参观的同行走进舞蹈教室:"罗老师呢?怎么不在?"池一冰忙回答:"罗老师病了,她今天要求我们自己练。"李校长回头对参观的人抱歉地说:"舞蹈老师病了。"又对着池一冰说,"你能不能组织一下给远道来参观的客人汇报汇报?"池一冰毫不犹豫响亮地回答:"可以!"然后马上与李佳安排同学们练功,从扶把到地面,从技巧到作品,俨然一个小老师。她一面组织大家,一面让李佳放音乐,并让所有同学展示她们最擅长的一面,参观的老师看见她们过硬的基本功和娴熟的技巧,不断报以热烈的掌声。最后池一冰带领同学们把道具摆好,汇报表演舞蹈《孩子·鸽子·明天》。该舞蹈表现孩子们与和平鸽在大海上不期而遇,一起欢舞,呼唤和平,传递和平与友谊的主题。最后一个画面是由孩子们与和平鸽在一条悬挂着各国国旗的大船上迎着太阳向世界和平的远大理想驶去。在掌声四起中，舞蹈结束，池一冰马上和孩子们站成一横排，向客人鞠躬致谢，并鼓掌欢迎客人们指正。

这些来参观的都是各地的代表、教育专家或骨干精英，看着这些八岁左右孩子的表现赞不绝口，他们的代表发言说："你们太不简单了，不仅舞跳得好，基本功棒，组织能力也了不起。""这个舞的创意非常好，动作编得也很好！我们受到很大启发，祝你们今后取得更大成绩！"教育局局长、李校长满意之情溢于言表，忙介绍着说："她们才八岁，三年级，已经到过几个国家比赛了，拿了大奖，给国家赢得了殊荣。"舞蹈教室再次响起了热烈的掌声。

李校长为了宣传舞蹈特色的成果，把舞蹈教室重新做了装修，教室的两面墙壁上是四幅巨大的彩色喷绘，一幅是我们学生在法国国际艺术节开幕式上的画面，一幅是贝宁国家文化部部长手牵两个艺术团小朋友的画面，另两幅是舞蹈《黄鹂鸟》和《我和小伙伴一起飞》的剧照。一进教室就感受到它的艺术氛围和品位，与学校突出素质教育的特色相得益彰。

在素质教育上，深圳南山区、南山实验学校、学校的领导和全体老师走了在全国的前列。不仅仅是舞蹈，张鹏副校长的现代技术教育，小摄影家在全国常赛常胜，享有名气的乒乓球队，常弘才老师的美术书法教育，黄薇老师抓的德育，都是素质教育的综合体现。

到深圳一干就是八年。很多人见我和西林老是形单影只，常常关切地问："你们离婚了？"那几年离婚似乎成了很时尚的事，人们见面打招呼不再是"吃了没"而是"离了没"，好像离婚很前卫，不离就落伍了。

我们长期分居两地，又各忙各的，虽然有时也互相支持，比如，我获奖的大部分作品都是西林作曲的，但这毕竟是工作，不是生活，生活是要互相依赖和互相照顾相濡以沫的。由于聚少离多，所以我们家也不是风平浪静，常常泛起各种涟漪。当然还没形成滔天大浪，最终没有"翻船"。我在深圳八年，很多朋友都好心警告我："你再不回来守着你的家，到时候家都没了。"

家对于每个人都是最重要的港湾，都是一生的归宿，但我的经验告诉我：真要怎么样，守是守不住的。一定要志同道合，三观统一。如果一个女人牺牲一切，一味地为男人或家庭付出，自己不自立不强大，最终还是会被人嫌弃抛弃。因为你一旦成了一个家庭主妇，眼界会变得狭窄，全部注意力都在丈夫、孩子身上，成天喋喋不休，思想和工作不同步，外因就会通过内因起作用。

当时我的两个可爱的双胞胎孙子从德国大老远回来，可我临近出访无暇顾及，全扑在了少儿艺术团的工作中。

后悔吗？现在想起来真后悔，是一个不称职的奶奶，他们万里迢迢回来，在最需要呵护的时候我却不在他们的身边，比什么都重要的骨肉亲情我都搁置到了一旁。真是百般无奈。

 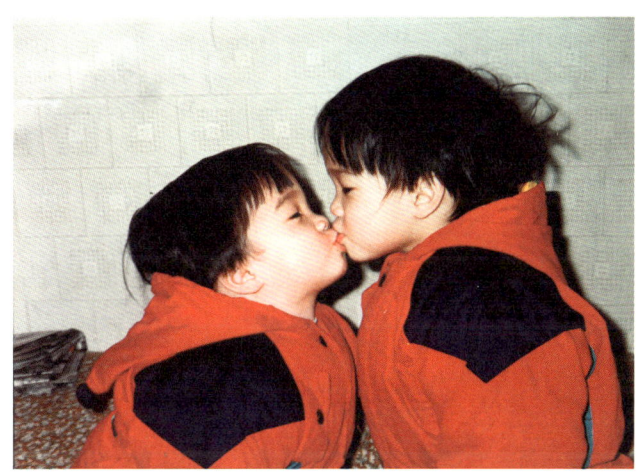

我的双胞胎孙子。我一心扑在舞蹈事业上，无暇照顾他们，但无时无刻不在想念他们。

我的孙子凯文

对先生，当然也因两地分居疏于照顾。对儿子也常爱莫能助，他考大学时，因文化课差一分，他父亲当时在日本学习，我去求川音的领导，也被拒之门外。本来考上了中央音乐学院，后来才知道，录取通知书又被寄丢了。我们没收到通知书，以为没考上。那时我正要带学生赴北京参加中国艺术节，又不能把工作放下来跑儿子升学的事。我和周志建老师创作的舞蹈《我和小伙伴一起飞》在北京中国艺术节演出，获得圆满成功，听见观众暴风雨般的掌声时，我却再也抑制不住内心的委屈和辛酸，眼泪冲出了闸门，我在后台号啕大哭起来。

此时文化部少儿司的陈云富处长、逯逯老师都非常关心此事，第二天就带着我去文化部教育司找李效处长，请他过问一下（中央音乐学院直属教育司），并再三强调，我是全国优秀的少儿艺术骨干。

▶ 你们培养的孩子，了不起！　　　　193

歌扬与他的两个表姐

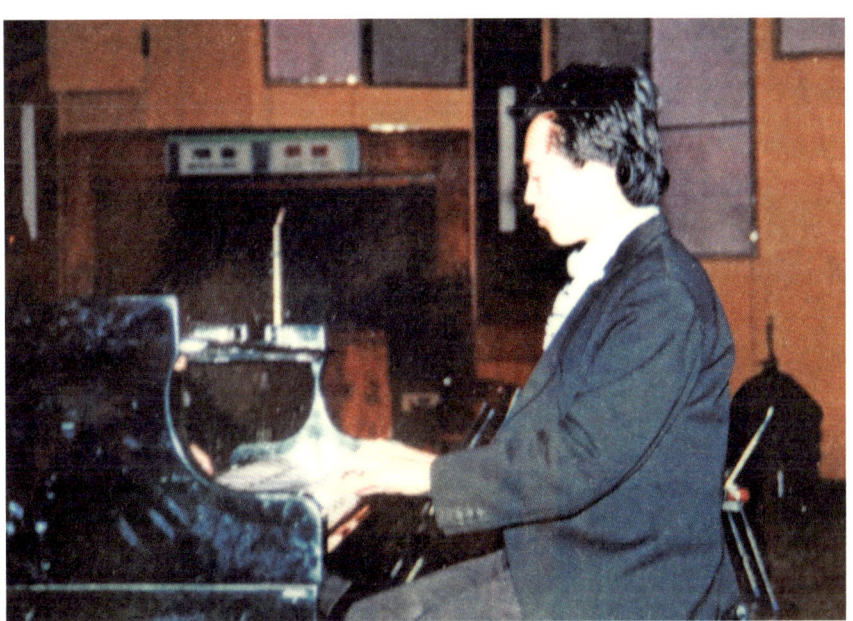

儿子歌扬

李处长当即拿起电话打到中央音乐学院招生办公室，那边回复说："歌扬这个学生我们早就录取了。只是开学快一个月了没见来报到。""我们确实没收到通知书。"我向招生办解释，李处长说："问题肯定出在邮局了，请你们酌情补发一份通知吧。"中央音乐学院答应补发并叫我当天就去取。当时我感激涕零，真想给他们跪下了……

终于我儿子有学上了，并且是中央音乐学院。我真感到上苍是公平的。人们常说："人在做，天在看。"因为我做的是为了一切孩子，一切为了孩子，为了孩子的一切的园丁工作，胸中揣着大爱，培养了大批的学生，却疏漏了自己的孩子，但得到了公平的回报。我永远感恩，感恩陈处长、李处长、逯逯老师的帮助，感恩社会的公道。我对我所做的一切，后悔吗？不，永不后悔！只有对我自己家人的自责和愧疚。

德国归来的歌扬

## 重回成都，出访土耳其

从深圳回到阔别八年的成都，满以为可以休息休息了。成都外国语学校的吴亚莉副校长曾经是我的学生，对我在少儿舞蹈艺术界的影响都很了解，马上邀我去他们学校担任"金太阳"艺术团的舞蹈指导。吴校长当学生时就喜欢跳舞，曾在我创编的舞蹈《小雁归队》里扮演鹭鸶。我想闲着也是闲着，趁精力旺盛，还不如去她那里搞搞作品——还是惦记着创作。

到成外的第二年，我接到文化部对外交流协会董玉文主任交给的任务，由文化部徐光处长、省文化厅王志平副厅长和我领队去土耳其参加伊斯坦布尔、伊兹密尔国际儿童艺术节。土耳其是伊斯兰教国家里最开放的国度，街上已经看不见像约旦那样满街穿黑袍、戴面罩的妇女。年轻女孩还穿得很前卫、时尚。也允许别的宗教信仰并存，比如，在世界上最大的清真寺之一——蓝色清真寺的对面就是天主教索菲亚大教堂。早、中、晚随时都可听见伊斯兰清真寺通过扩音塔传来的信徒祷告的声音。

土耳其横跨欧亚。土耳其人说它是欧洲国家。土耳其有着三千多年的悠久历史。伊斯坦布尔街上既有现代化的建筑，又有古代遗址。拜占庭时期的古代建筑或断壁残垣都保留得很好。他们在建设现代文明的同时对历

出访前，成都外国语学校金太阳艺术团与老师合影。

史文明的尊重，对历史遗产的保护都值得我们借鉴学习。

艺术团到达的当天，热情的组委会就安排我们去游览。庞大的中东市场像一个城堡坐落在市中心，里面一百多条街道纵横交错。商店光怪陆离，星罗棋布。独具中东特色的挂毯、挂盘、珠宝、饰品、用品琳琅满目。街道上人群熙熙攘攘，摩肩接踵好不热闹，我们和孩子们手牵着手，不断数着人数。组委会也生怕走丢一个。工作人员很是负责，前面有领队的，中间有督阵的，后面有压阵的。

回想起抵达当天闹的一场误会，大家都哑然失笑了。

我们团因联系老师没有经验，直到艺术节截止报名的时间，也没有跟进对方是否收到报名的邮件。

组委会以为我们不去参加，故没安排接机。我们在机场等了三个小时，几位老师不耐烦了，于是炸开了锅："不派人来接我们就坐飞机回去了。分明是瞧不起我们中国人嘛。""不演了。"我也一头雾水，生怕孩子们听见影响不好,连忙一面制止,一面急着给我国大使馆值班室打电话。

终于联系到值班室工作人员,他们一听情况,马上与组委会联系,组委会知道原委后,一面安慰我们别急,道明联系上出了差错,一面马上派车来接。于是大家情绪才平静下来。等坐车到了接待我们的地方,远远就看见土耳其学生排着队手捧鲜花挥舞着中国国旗,在他们鼓号手吹奏的乐曲声中热烈欢迎我们。电视台的记者也一边摄像一边采访吴校长和率团的领导以及小朋友们。

我第一次觉得很难为情,很不好意思。我们有些国人为什么爱在没有弄清缘由的情况下,抱怨别人,指责对方,从不检讨自己呢?

东道主土耳其很重视国际儿童艺术节开幕式,那天不仅各国艺术团参加,而且参与国的文化参赞都要莅临出席。土耳其文化官员、市长、国家的有关领导都悉数到场。全体起立,土耳其国歌高奏,庄严又隆重。

各国文化参赞出席艺术节

参加艺术节的各国小朋友

与东欧小朋友在艺术节上

与各国小朋友在艺术节上

▶ 重回成都，出访土耳其

与各国小朋友在艺术节上

与韩国小朋友在艺术节上

与伊朗小朋友们合影

与外国小朋友合影

在土耳其儿童队伍中

▶ 重回成都，出访土耳其 201

在土耳其伊兹密尔国际艺术节上与东欧小朋友合影

中外小朋友们在土耳其国际艺术节上

成都外国语学校金太阳艺术团在艺术节上合影

绵阳少儿艺术团

伊兹密尔市长在其官邸接见我们

土耳其街头巡演,我们的五星红旗格外耀眼。

我们参加开幕式的节目是《友谊火车》。当满载着中国儿童友谊的火车,时而在苍山穿梭腾上飞下,时而在云端上下飘浮游玩,瞬间消失在云海里边,其间所需的舞蹈技巧让人耳目一新。终于火车开到了目的地土耳其,用中土文字印着"中国——土耳其,土耳其——中国"的车厢(道具)出其不意地出现时,小朋友挥舞着五颜六色的彩绸高喊"土耳其,hello,土耳其,hello",在一浪高过一浪的欢呼声中扑向土耳其的怀抱!

在土耳其伊兹密尔国际艺术节开幕式上与艺术节主席合影

这个节目在开幕式上表演是最适合的,主题鲜明又十分热闹,把大家一下带入友谊的汪洋大海中,到哪个国家演出都很适合。乌克兰、塔吉克斯坦、俄罗斯等艺术团都向我们索要该节目音乐,并询问音乐是谁写的。我骄傲地说是我先生李西林根据这个舞蹈专门创作的。

我们在伊斯坦布尔、在伊兹密尔的艺术节开幕式上都用这个舞蹈打头阵,获得赞誉一片。

在伊兹密尔艺术节上,组委会特别给我们颁发了"最高艺术贡献奖"的荣誉证书。我国驻土耳其文化参赞史瑞林先生专门驱车从土耳其首都安卡拉赶来慰问我们。

在伊兹密尔,我们的孩子被分配到当地各个有接待条件的家庭居住,便于让孩子们融入土耳其的文化生活里,更好地与土耳其孩子打成一片,建立友谊。

当土爸爸土妈妈分别接走孩子那一刻,我心里泛起一种淡淡的失落和惆怅:她们会适应那里的生活吗?语言又不通,怎样交流?懂得尊重别人的信仰吗?……

一切想法都是多余的。孩子们一下就融入她们各自的"家庭"里。土爸爸土妈妈对她们好极了,带她们去好玩的地方,有的给她们买衣服、鞋子,有的买文具或当地特产,还有的带着她们走亲访友去炫耀自己的中国孩子。每次都准时送她们回来排练或演出。看见孩子们活蹦乱跳,在"家长"面前撒娇,或者向自己同学讲述土爸爸土妈妈对她们疼爱的幸福样子,我们就明白了土耳其多次主办国际儿童艺术节的经验是非常丰富和值得借鉴学习的。

我们要离开伊兹密尔去别的城市了。一大早,各个家庭都把孩子送回来了,可挂在她们脸上的不再是喜悦而是百般眷恋和依依不舍。孩子们紧紧依偎在土妈妈怀里或用手紧紧牵着弟弟妹妹,好像一松手他们就会永远不见了似的。土爸爸土妈妈也黯然神伤。

我最怕看别人离别的愁绪,人家还没哭,我鼻子已经酸了,赶紧转过身去努力克制自己的伤感。

我们帮着把孩子们的箱子搬上车去,哇!好重,一个个家庭都为孩子们装满了礼物,甚至还有给他们中国家长的。这重重的分量代表着土耳其人对中国人的深情厚谊呀!

汽车开动的一刹那,孩子们和土妈妈土爸爸的哭泣声、道别声交响在一起。是啊,这一别,何时才能重逢呢?

最让人动容的是周靖文一家。土妈妈和她女儿每天都教周靖文用藤条或棉线、毛线编织很多小工艺品,送行的那天给每个小朋友、老师都送了一个藤条编的小花篮,里面装满了用彩色毛线做的各种花朵。还有给周靖文妈妈织的披肩,这分明是他们一家浓浓的情、深深的爱、暖暖的心!

车开了好一程,猛然回头,周靖文的土妈妈和姐姐驾着车一直追随着我们。我们劝她们回去:"太辛苦了,这情这义,我们终生难忘,回去吧!"

她们泪眼蒙眬的,执意不走,我们千般回望,万般不舍,直到机场安检。咫尺天涯皆是缘,缘有多深情有多远。周靖文尚小,我相信这段不是母女胜似母女的情会伴随着她成长的风华流年!

由于土耳其当时正承办世界首脑会议,空管很严,国际航线紧张。组委会就安排我们在土耳其国内参观访问,给我们提供了一个绝好的游览机会。我们有幸去了很多地方:美国大片《特洛伊》历史故事的发源地特洛伊,布尔莎——古代丝绸之路的必经地,夜莺山——传说中圣母玛利亚升天的地方,古罗马剧场,石头城遗址,还坐轮船去了王子岛,那里至今还居住着拜占庭时期的后裔。

一天,我们游览完从山顶下来,一个年轻漂亮的吉卜赛女人打招呼让我过去。她怀里抱的婴儿大概刚满月吧。她指着小婴儿要我给她些钱。出

在土耳其石头城古老的图书馆门前

在土耳其去王子岛的游船上,小朋友给我梳辫子。

在土耳其王子岛坐马车

于对弱小生命的同情，我急忙掏包，可是，翻了个底朝天也没找着零钱。唯一的一张一百欧元，我揣在包里的手都快攥出水来，心里盘算还有几天，万一要用咋办？我内心在矛盾中挣扎纠结，一边向其他人借零钱，她们都摊手说没有。我只好不无歉意地悻悻而去。跑上车后我看见那个女人还远远向我们汽车投来期盼的目光，我赶紧闭上了眼睛。

回到酒店房间，我疲惫地躺在床上，可是那女人哀怨的眼神和那襁褓中可怜的婴儿总是在我眼前晃动，挥之不去。

我突然号啕大哭起来，也许它触动了我小时候可怜无助时的那根敏感神经：给那一百欧元又怎么啦？我为自己的小气、吝啬感到深深的自责、悔恨。

我用手抹去满脸泪水，冲出房间找到导游，请她陪我去山顶一趟，我要把那一百欧元给她。导游听后安慰我说："不用了，乞讨是吉卜赛人的习惯，就像他们习惯了流浪、游牧一样。土耳其政府安排了他们的居所，他们还是要四处漂流。你的这份善良上帝是会知道的。"

上帝在哪儿？我干什么也不需要谁知道，可我需要内心的平静，我需要释放冰冷脱离的怅然若失。

埃及，这个有五千多年历史的国家，金字塔、狮身人面像、木乃伊等让世界瞩目。我小时候就对这个国家充满好奇、幻想和神往，梦想有一天能走近它，触摸它。

终于在参加土耳其国际艺术节后走进了这个古老神秘的国度。由于地处沙漠干旱地带，才五月，埃及的骄阳已灼热似火。我们的大巴开到沙漠深处停车场，远远就看见巍峨的胡夫金字塔高高地矗立在蓝天白云下。金晃晃的太阳光照在沙漠上又反射回来，让人睁不开眼睛，我们热得像在火里灼烤，我赶紧用手搭起凉棚，深一脚浅一脚地走在滚烫的沙子上。足踏下去，一步一串沙尘，热浪推着我们前行。我们的五星红旗和金太阳艺术团的队旗已插在金字塔前面的沙堆上。吴校长向大家招手:"快,快!快过来集合照相!"一阵定格之后,大家扑向了金字塔那硕大的塔底。古时候,没有交通工具,更没有起重机,这些巨大的石头是怎么运来的?又怎样垒上去的?石头之间天衣无缝,这个谜,历史学家、科学家到现在都无法破解。人人敬畏这些伟大的古代文明,被它的不可思议和神秘莫测所震慑。

我和孩子们用手去触摸塔基的巨大石头,像是要证实这是真的,不是幻觉。一个石头窄门通向金字塔下的深处,里面埋葬着古代法老的灵柩。因为深不可测,我和小朋友都在门口窥视。据说里面在维修,为了保护金字塔也不准游人下去。我们在金字塔前,深感古人的伟大,自己的渺小,就像一粒被风刮起的细沙。

我和孩子们来到狮身人面像前留影,狮身人面像已开始风化,好多地方斑驳脱落,到处都搭起了准备维护的脚手架。

在金字塔和狮身人面像前留影

我们参观了埃及博物馆，那里有很多木乃伊。走进展厅，一具具木乃伊僵硬地躺在展台上，皮肤已变成了黑红色，可仍然紧绷，像鼓面一样。木乃伊或穿着铠甲或身着古代女装，几千年居然没有腐烂。据说古埃及为了完好保存这些尸体，他们从两个耳朵入手掏出了脑袋里的全部东西，又从下身掏出五脏六腑，然后经过药物炮制变成了这些永不腐烂的木乃伊。小朋友们也不害怕，跟大人一起聚精会神地观看着。周靖文悄悄凑近我，天真地问："那是死人吗？会不会活？"我说："那是死人，古代埃及人用此方法把他们保护起来，但不会复活。"我想他们这种方法对后来医学科学的相关课题总有启示吧。

傍晚，我们来到埃及国王的陵墓，参观仿古卫队换岗仪式。落日的余晖洒下来，金灿灿的，使陵墓显得更加肃穆庄严。穿着古埃及卫队的铠甲、手持长矛盾牌、戴着帽子的卫士迈着整齐的步伐上岗，下岗，很有仪式感。他们迈的步子也很奇怪，像我们舞蹈训练的小踢腿，迅速抬起二十五度，要在空中短暂停顿，再瞬间换脚。

顽皮是小朋友的天性，她们对卫士走路的姿势很感兴趣，觉得好玩，远远模仿起来。

这天我们跟学校小朋友联欢，然后去儿童地毯厂参观。儿童地毯厂的工人全部是十二三岁的童工。工厂把他们当作最廉价的劳动力，为老板织地毯赚钱。展厅里的各种地毯漂亮极了，都是出自他们的巧手。我们走进车间，只见五颜六色的毛线在他们手上与织毯机上不停地穿梭。别看他们年龄小，个个都是熟练工，织出的地毯、挂毯、坐垫、靠垫及各种小饰件很有埃及民族特点，图案非常好看。

我们都交口称赞，很想买一块，以对他们辛苦劳动做出肯定，也带回中国做个纪念，无奈行李太重，又带着一队小孩只好作罢。这时，一个童工伸出手来向我们要钱，嘴里不停地说："刀能，刀能！"所有童工都伸出手来："刀能，刀能。"这让我们始料不及，也没带那么多零钱。大家

访问埃及儿童地毯厂

赶紧走出车间,不停感叹,并抓紧对学生进行教育:"你们看,他们那么小就不能上学了,去地毯厂挣钱养家糊口。你们多幸福,不仅有书读,还有机会出来参加艺术节,到处旅游参观,增长见识,你们要珍惜学校提供的机会,珍惜爸妈对你们的爱!珍惜祖国对你们的爱!"是啊,世界是有爱的!珍惜每一种爱,珍惜散落在世界每个角落里的爱!

## 从"新苗杯"到港澳表彰会

二〇〇二年，文化部根据需要，把少儿司合并到社文司，少儿司的干部有的退休，有的改行，我们分散在各地的儿童舞蹈工作者一下像没了家。曾几何时，少儿司把大家团结起来凝聚起来，为儿童文化事业的发展做了很多事情，也取得不少成绩。我们百思不得其解，也许是机构改革吧。可我们有三亿多儿童，儿童是国家未来的接班人，是将来祖国的栋梁。对他们的培养，思想品德、文化水平、素质教育是多么重要啊！机构都没了，谁来牵头？大家又陷入一盘散沙中，心里充满困惑。

从少儿司调到社文司的原中国儿童文学研究会会长，儿童文学作家宗介华与中国儿童之家、中国儿童文化艺术网一起力排众议，在北京组织了几届"新苗杯"儿童舞蹈大赛。为了保证赛事能有成效，本着出作品、出人才的宗旨，宗介华聘请了长期从事儿童舞蹈研究的大专家、中央民族歌舞团的编导、教授张苛老师，中央芭蕾舞团舞剧《鱼美人》的编导之一张明心老师，《舞蹈》杂志总编谭美莲老师等作为评委和艺术指导，把此次比赛提高了一个档次。

我率团参加过两次大赛以示支持。第一次是奥运会前夕，我率领四川

获殊荣

"新苗杯"赛后,与小演员在天安门广场合影

表彰会上，与郑晶莹老师、颜展红老师合影。

音乐学院幼儿园艺术团赴京参赛，节目是《今天我值勤》。

  这个作品表现从小培养小朋友的安全意识，严格遵守交通规则，尊老爱幼，树立良好的社会公德的主题，获得了评委老师的一致赞赏，一举夺得了金奖。后来此节目做了多次修改，在中央电视台"五彩缤纷"夏令营也赛出了水平，央视娄导总结了十二个字："题材新，内容好，有童趣，又好看。"中国舞协主席冯霜白也直夸："不错！不错！"我因此获得了

"娃乐贝"少儿艺术团在"新苗杯"大赛中荣获金奖

载誉归来

优秀编导证书。一个节目总是要经过千锤百炼才能更加成熟。

第二次还是川音幼儿园，我选的作品是《红红的中国结》，这是一个情绪舞，场面宏大，表现新春佳节的欢乐景象。为了营造节日气氛和突出民族特点，我选用了红绸、腰鼓、中国结三种元素穿插与交汇。三十多个孩子加上三种艺术手段融会贯通，场面非常热闹，情绪昂扬，高潮迭起。结果又斩获金奖。小朋友们站在领奖台上笑逐颜开，他们又一次捧回了荣誉和骄傲。

宗介华老师为了鼓励编导们多出作品，多出孩子们喜闻乐见的好作品，巩固少儿司的成果，以中国儿童文学学会、中国儿童文化艺术网的名义，与前少儿司申司长及中国儿童音乐学会，在深圳爱爱集团的支持下，举办了全国百名儿童舞蹈家、音乐家表彰大会。我和很多著名老编导，如金英华老师、张先敏老师、郑晶莹老师、郭子徽老师、王淑兰老师、申香老师、杨国荫老师、陈康荣老师、徐秋萍老师、李锦荣老师、孙玉秋老师、陈梦影老师、顾富荣老师、颜蓉璇老师、韩淑玲老师、陈宏运老师、廖萍老师以及我们的儿童舞蹈著名理论家刘海茹老师等得到了表彰。少儿司不存在了，少儿司的神圣使命在继续发扬和传递，我们倍感欣慰。在中国澳门舞协颜展红老师的支持下，首届中国澳门全国儿童舞蹈研讨会召开，大家为儿童舞蹈的发展出谋划策。中国澳门虽小，与会老师的眼光不小，与会专家的情怀尤其博大！

我在这年获得了中国儿童文化艺术网和中国儿童文学学会、儿童文化研究所一起评选的"全国十佳儿童舞蹈专家"荣誉称号！这是肯定，也是激励，我将永远在儿童舞蹈事业上不断攀登高峰，做最好的自己。

# 中德青少年艺术节

我有幸三次率团参加德国柏林中德青少年艺术节,艺术节是由德国教育委员会、德国青少年协会、柏林市政厅主办的。在组委会主席黄梅博士的邀请下,我是第一次率川音幼儿园艺术团参加。川音幼儿园是以艺术教育为特色的幼儿园。他们在胡红园长的领导下,高度重视孩子们的艺术启蒙教育,成绩显著。川音幼儿园艺术团在我和胡园长带领下,曾经参加新加坡,中国香港、澳门的艺术节,都荣获一等奖,多次赴北京、深圳、厦门参加国内艺术赛事,均获得了不俗的成绩,名声在外。第二次是率成都外国语学校金太阳艺术团参加,第三次是带领成都妈咪家幼儿园艺术团参加。三次出访,三次不同的体会和感受,但有一点是共同的,那就是中德儿童之间的深厚友谊。

第一次我们在柏林少年宫剧场演出。少年宫坐落在环境优美的公园里,四周都是参天大树,池塘和小湖泊环绕其间。各种鸟在树上栖息,在地上行走,蝉叫鸟鸣像混声合唱,在耳边回荡。各种色彩的花朵,以万种风情来展现它们的缤纷娇艳。纯净的空气里散发着沁人心脾的花香,那青青的草地也吐露着淡淡的芬芳。少年宫环境是国际一流的,设施也是一流

▶ 中德青少年艺术节

与川音幼儿园艺术团小朋友在柏林

川音幼儿园艺术团在表演《小腰鼓》

的,里面的展厅、图书馆、阅览室、科技室、音乐厅、舞蹈室一应俱全。离演出还早,我们逐一参观。尤其是图书馆藏书之多,是当时我们国内任何一家少年宫都无法比拟的。

孩子们一头扎进了游艺室,开心地与德国小朋友玩起来。读书的小朋友则都坐得很端正,全神贯注,完全不受任何干扰。

川音幼儿园艺术团的小朋友是这次参演年龄最小的,非常活泼可爱。《小腰鼓》一下场,就被各种媒体包围得水泄不通,电视台记者不停地摄像。有一位女记者俯下身,对着仅有四岁的陈芗小朋友用德语问道:"你喜欢德国吗?"陈芗听不懂。我环顾了一下四周,不知翻译在哪。记者又急忙用英语问道:"你喜欢德国吗?会说英语吗?"陈芗终于听懂了。当时幼儿园已经开始学习英语,她像个小大人似的眨巴着眼睛,反问:"为什么要我们说英语?你们为什么不说中国话?"这一回答既出乎意料也不无道理,大人们被她的聪慧天真逗乐了。

陈芗圆圆的脸上长着一对忽闪忽闪的大眼睛,像瀑布一样的长卷发从肩上垂落下来,走起路来,胖胖的小屁股一扭一扭,特别惹人喜爱。我常常禁不住逗她:切一块你的坐墩肉炒来吃。她吓得不敢亲近我。"看你,像不像老师说的话。"同事笑着提醒我。确实,我们搞艺术的忘情时,只觉得自己是长辈爱逗逗孩子,而忘了一言一行为人师表。

柏林的报纸、电视台连续报道艺术节的实况,对小陈芗的采访多次出现在德国电视屏幕上。

我们带孩子们去参观、访问。柏林皇家花园的奇花异草,美不胜收。清晨莱茵河的水清澈见底,袅袅升起的水雾湿润着我们的脸颊。墨绿色的森林,映衬着近水远山。白色的别墅在绿荫的覆盖中若隐若现。

第二次率成都外国语学校金太阳艺术团来参加艺术节,她们是小学生,年龄大些,每次演出完后就跟其他团队一起与德国小演员联欢。手拉手跳舞,一起欢唱,一起做游戏,一起坐游艇,一起照相,一起游玩,互赠纪念品。我听不懂英语,每每看见他们聊得很尽兴,我们和组委会领导都很开心。增进各国孩子的了解、互信和友谊,本来就是艺术节的宗旨。

这一次我们参观了柏林墙遗址。东西德在统一以前,东德人想拥进西德,迎接他们的是枪林弹雨。终于他们用生命和斗争使柏林墙轰然倒下,东西德人终于拥抱在了一起,实现了国家的统一。柏林墙作为历史的见证,还保留了一段断壁残垣以示纪念并警示世人。

组委会还安排我们参观了慕尼黑世界足球锦标赛的体育场,以及闻名遐迩的奔驰生产基地和庞大的展厅。展厅比我们的足球场还大,各种车型、各种用途、各种性能、各种价位的奔驰车目不暇接。有挂在墙上的,有停在地面的,有摆在展台上的。一走进大厅,工作人员就给每人发一副耳机,配备有各种语言,你一按中文听见的解说就是普通话,详尽地介绍奔驰车的起源与发展。从最早的独轮车、自行车、三轮车、老爷车,到现在的各种轿车、跑车、房车、消防车、救护车、大型运输车，满目全是。走了一上午，腿脚都酸了还没走出展厅。我们惊叹德国制造业的发达，仅此就可以看出雄居世界发达国家之列的德国，其创造力和生产力多么先进，多么让人折服。

小朋友们都在展厅门口给爸妈买了一个奔驰车的小钥匙扣留作纪念。

主办方的安排是根据年龄来的，外语学校孩子大一些，所以还安排了去比利时参观原子球博物馆、巧克力制作作坊和挽救了比利时的撒尿小童雕像。我以前见过尿童的图片、工艺品雕塑，他小小年纪怎么会挽救一个国家，成为现在人们都祭奠的民族小英雄？这次访问才弄清缘由。

原来二战时，德国纳粹撤退前想把比利时炸毁，点燃导火索后就匆忙撤退了。这时刚巧路过的一个小男孩看见正在燃烧的导火线，他撒了一泡尿把导火索浇灭了。他这一行为挽救了比利时整个国家，人们至今连他的名字都不知道。

参观德国奔驰博物馆

与成都外国语学校金太阳艺术团在比利时原子球博物馆前

拯救比利时的小英雄

现在世界各地的游客都来参观撒尿小童的雕塑，并在塑像前瞻仰他，纪念他。我们成都外国语学校艺术团的小朋友也送了一个小小的花环摆放在塑像前，以示纪念和敬仰。这次成外小朋友还参观了荷兰的阿姆斯特丹风车村、鹿特丹的巨大港口、卢森堡的早期蒸汽火车、卢森堡峡谷、世界金融中心，以及世界闻名的科隆大教堂。吴校长要求同学们每天写一篇作文，用笔记录下了她们的欧洲见闻。

第三次是率妈咪家幼儿园艺术团。前两次我们的小朋友表现好，节目取得了很好的效果和反响，所以黄梅主席再三力邀我们参加第三届中德青少年艺术节。

为了达到预期的目的，我们做了半年准备，平时下午和周六周日全天都进行排练。不仅有舞蹈，还专门聘请了川音的声乐老师教小朋友们唱德国民歌《小小少年》，请德国外教教德语演唱，请西林处理作品和排练《歌声与微笑》。

这次全团经法国、瑞士再到德国。四川电视台派了一个小组跟踪报道。我们坐在长途大巴上，小朋友在周明菊主任的带领下，用德语练唱《小小少年》时，德国司机高兴极了，使劲鸣喇叭表达他的激动心情，并频频竖起大拇指夸奖。

德国规定为了行车安全，客车行驶两小时就要停车休息。祖宗灵团长、周明菊主任就带着孩子们做各种游戏。独生子女在家虽百般受宠，也免不了孤单，所以一起集体活动时开心极了，像放飞的小鸟尽享自由的天空。

明菊主任管理孩子很有经验，什么时候该做什么，收放自如，恰到好处。回到车上，孩子们余兴未尽，又兴高采烈唱起来，只听明菊主任一声令下："请你跟我闭闭眼，一、二、三。"全体小朋友答："我就跟你闭闭眼。"声音戛然而止，没有谁再有响动，一会儿就进入了甜甜的梦乡。

高速公路在原始森林里透迤盘旋，驶出森林就是城市。德国的森林覆盖率、绿化率位居世界前列。微风拂面，分不清是树还是草，是泥土还是野花散发着的幽幽香气，让人感到从未有过的恬静松弛，浑身清爽。陌上芳草青，花树十里香。我们走过的法兰克福、杜伊斯堡、科隆、波恩、柏林都是这样。所有城市里，到处是星罗棋布的园林、纵横交错的河道桥梁、四通八达的高速公路、文艺复兴时期的著名建筑。所到之处，没有一处浮土裸露，不是草坪覆盖就是用小石头遮住，整洁干净得一尘不染，让人不忍踩踏。当然德国小镇更是美得令人窒息，像一幅幅油画呈现在我们面前。常见德国人开着白色房车,拖着游艇在湖光山色中度假,悠闲自得。是不是那才叫生活呢?该工作的时候就拼命奋斗,该休息的时候就尽情享受。

到了柏林,当天我们就化好装,盛装参加广场演出。我们的队伍非常醒目,高举着国旗,拉着中国成都妈咪家幼儿园艺术团横幅。孩子们都漂漂亮亮的,刚站好队,礼貌又热情的德国观众自觉地围成一圈又一圈鼓起掌来。我们首先在西林的指挥下用德语演唱德国儿歌《小小少年》,歌声唱出了德国少年眼望世界的美好和内心的烦恼。那音准和表现力以及稚嫩动听的嗓音在有很高音乐修养的德国人面前,也获得了高度赞扬。

在观众的要求下,小朋友又唱了一曲《歌声与微笑》。"请把我的歌带回你的家,请把你的微笑留下……"我们留下的不仅是歌声与舞蹈,更是诚挚的中德友谊!愿这歌声永远在柏林天空回荡,中德儿童的友谊永远在这里持续。

德国柏林演出后合影

我和儿子歌扬在德国演出后相遇

在荷兰阿姆斯特丹

组委会安排我们到柏林、科隆等地的幼儿园联欢，中德小朋友一起画画，玩玩具，做游戏，制作点心以及手工艺品，从德国小朋友身上看得出，他们很重视小朋友的动手能力培养。

最后我们参加了艺术节的比赛，我为妈咪家幼儿园艺术团创作的舞蹈《月琴之歌》一举拿下了一等奖。这个奖对人生刚刚起步的小朋友是终生的激励和荣耀，他们用自己的奋斗和努力赢在了起跑线上。

四川电视台妇女儿童频道摄制组在余兰主任的带领下全程跟踪报道，他们用镜头摄下了小朋友们的优良表现，并制作了专题片在卫视播放。等他们长大了，再回顾这段历程，他们会感恩摄制组的老师，为他们的成长过程记录下了这珍贵的精彩篇章！

在滑铁卢

## 隆重的校庆

深圳南山实验学校迎来了七十六周年校庆。那时我已回到四川。为了这个庆典，学校酝酿了近一年。学校各年级各班，每个同学都要参与。各种形式的庆祝活动数不胜数，当然重头戏离不开庆典演出。

这台演出请来了国家教育电视台的导演、编剧，与学校领导和抽调的老师一起策划、撰稿。担任这个项目总负责的黄薇老师忙得不亦乐乎。因为在校老师每天都有备课、上课、赛课、批改作业等大量工作，要搞一台高水准的庆典演出，他们又是业余的，所以还是有些力不从心。于是黄薇又想到了我——原学校艺术团的编导加艺术指导，他们希望我再次加盟一起运作。

当黄薇代表李校长把这一邀请转达给我时，我毫不犹豫就答应了。学校信任我，能跟他们再一次并肩战斗，我感到由衷高兴和自豪。除了帮他们把已经排出来的节目加工修改外，我的主要任务是排一个有四十多个年轻老师参加的大型歌舞作为压轴戏。我到深圳时，离校庆已经没有多少时间了，得赶紧创编和排练。

任务一个接一个给我布置下来，要在这么短的时间内写一篇关于少儿艺术团出访的文章，而且还要与曾经访问过的国家的使馆取得联系，希望他们分别发一份贺电，这是最难的，比起这个，排节目、写文章那都算小菜一碟了。因为时间久远，时任的大使或文化参赞要么退休，要么调换国家，要么离岗了。新任的不一定了解情况，他们能给我们发贺电吗？我深感棘手。

念及多年共事的深厚友情以及经历的那段妙佳年华、那些刻骨铭心的美好记忆、那些小朋友的非凡经历，以及李校长对我的支持，我决心尽自己的最大所能把这个重任完成好。

亚洲、非洲、欧洲……由于有时差，还得考虑别人的时间是否能接听电话，是否能收到电邮，当地聘请的工作人员是否能听懂中国话。我开始坐在李校长办公室没日没夜地打电话，好不容易接通了，常常是对方用法语或西班牙语、英语、阿拉伯语跟我说一通便挂了。这时我真是一筹莫展，陷入深深的烦闷之中。

我这个人有很多缺点，但有一点，执着是出了名的，不达目的誓不罢休。我改用另一种办法，代表全校师生写一封封情深意长的书信。先对使馆工作人员远离亲人在异国他乡的辛苦工作表示慰问和牵挂，然后把我们的情况、意图以及哪年哪月在该国出访获得的轰动效应和外交成果，言简意赅地来一个阐明，最后敬请使馆发一贺电。落款是"南山实验学校全体师生"，最后希望值班人员转告使馆领导并预约下一次通话时间。

这一方法果然收到意想不到的效果，前后收到了全部所到国家的公函。李校长喜出望外。一所小学的庆典居然收到这么多的我国驻外使馆的贺信贺电，还有来自文化部外联局、对外友协、侨联等单位的祝词，这恐怕也是史无前例了。

演出当晚，学校专门播放了远在加拿大留学的南小学生楷模刘然同学对母校的祝贺视频。罗马尼亚艺术节组委会主席布尔布克先生和我国驻罗马尼亚文化参赞闫建武先生也万里迢迢莅临。最后特别要我上场畅谈我那时的心得和感悟。

当时到罗马尼亚演出的小朋友，此时除了在国外留学的，其他都是各个著名大学的佼佼者了，她们都长成亭亭玉立的大姑娘了，纷纷从各地赶回来参加校庆。她们都对母校七十六周年校庆表示热烈的祝贺，见证培养她们的母校所取得的巨大教育成果。

与亲爱的布尔布克主席、闫参赞和我重逢欢聚，她们别提有多高兴了。当年的小朋友长大了，成熟了。她们一起亲手制作了一本有她们每人的倩影、有她们亲笔书写的对我亲切祝福和无比感念的话语的纪念册。作为一名园丁，辛勤耕耘一辈子，还有什么比学生的肯定和热爱更重要呢？

不要说两袖清风，不要说一无所有，这些就是我的巨大财富！

深圳南山实验学校：

　　喜闻贵校 76 周年校庆，在此谨向李先启校长及全校师生致以最热烈祝贺！

　　贵校艺术团于 2002 年夏受文化部委派参加波兰比得哥什国际音乐节获得了巨大成功并一举获得艺术节最佳表演奖。罗彩文老师荣获最佳编导奖，受到了参赛国的高度赞扬，为中波两国少儿舞蹈交流做出了贡献。

　　至此，感谢贵校为中波文化交流所做出的骄人成就，并向贵校 76 周年校庆致以热烈的祝贺！

波兰大使馆

2008.12.3

驻波兰使馆贺电

尊敬的李先启校长：

　　南山实验学校是一所名校，欣闻贵校成立 76 周年，举行隆重庆典，特此热烈祝贺！

　　南山实验学校是以艺术教育为特色的名校，艺术教育尤其是少儿舞蹈在国际上享有一定声誉和影响！

　　祝愿南山学校承传统、做先锋、改革开放育新人！

　　致以诚挚的问候！

德国艺术与教育国际交流促进会

执行主席：黄梅博士

2008.12.3

德国艺术与教育国际交流促进会贺电

## 贺电

深圳市南山实验学校：

值此贵校迎来76周年庆典之际，谨向你们表示热烈祝贺。

1998年，深圳市南山实验学校少儿艺术团和迎春花艺术节的演出，并一举荣获艺术节最高奖金孔雀奖和一等奖，为国家争得了荣誉，为促进中罗文化交流，增进两国人民友谊作出了积极贡献。

祝愿深圳市南山实验学校越办越好，为国家和地方的教育事业，为促进中外文化交流做出贡献。

驻罗马尼亚使馆文化处
2008年12月8日

深圳南山实验学校：

值此深圳南山实验学校成立76周年之际，中国驻贝宁使馆文化处、贝宁中国文化中心谨以此函表示热烈祝贺。

贵校多年来坚持素质教育、全面发展，在少儿艺术培养方面成效显著。1996年6月，南山实验学校"少儿艺术团"受文化部委派远赴非洲来到贝宁，举办了多场演出，盛况空前，开创了中国同贝宁青少年交往的先河，此次访演不仅向贝宁人民介绍了中国的艺术发展，也展现了中国素质教育的成果，对增进中贝两国人民之间的传统友谊，特别是增进中贝青少年间的交往和友谊发挥了积极作用。

2006年召开的中非合作论坛北京峰会确定了中国与非洲建立"政治上平等互信，经济上合作共赢，文化上交流互鉴"的新型战略伙伴关系。我处、中心以落实中贝文化上交流互鉴为己任，愿继续推动贵校青少年同贝宁的文化交流，在方便的时候希望再次在贝宁看到你们的身影。

衷心祝愿深圳南山实验学校成立76周年庆典活动圆满成功。

驻贝宁使馆文化处
中国文化中心
2008年12月6日

驻罗马尼亚、贝宁使馆贺电

深圳南山实验学校：

欣闻贵校建校76周年，我馆谨向贵校李先启校长及全校师生员工致以热烈的祝贺！

贵校少儿艺术团作为中国文化部首个派往非洲的艺术团体，1996年在多哥的访问演出取得了圆满的成功，受到了各界的一致好评。访问期间，贵校与洛美小学结为友好学校，既增进了中多青少年间的友好情谊，又为日后发展两国间交流合作奠定了良好的基础。

值此贵校76周年隆重庆典之际，我馆衷心希望贵校在今后的发展建设中再接再厉，继续开展与多哥及世界各国学校间的交流合作，为推进中多及中国与世界各国的友好事业作出更大的贡献！

中国驻多哥大使馆
2008年11月25日

深圳市南山实验学校：

在贵校建校76周年之际，中国驻约旦大使馆向贵校致以热烈的祝贺，愿贵校在教学育人方面取得更大成绩，为国家培养更多的有用人才。

贵校的少儿艺术团在1998年参加了约旦杰拉什国际文化艺术节，少儿艺术团的精彩演出，不仅展示了中国少儿多才多艺，同时也显示出中国文化艺术的魅力，给约旦人民留下深刻的印象，让人们看到了中国的前途和未来。你们的访问演出，为中约两国儿童之间的友好交往做出了贡献。

随着中国综合国力的不断增强，中国良好的大国形象展现在世人面前，我们要加倍努力，把祖国建设成为繁荣昌盛的强国。

中国驻约旦大使馆文化处
2008年12月4日

驻多哥、约旦使馆贺电

## 贺电

深圳市南山实验学校：

欣闻贵校建校76周年，值此校庆之际，谨向全校师生员工致以热烈的祝贺！

1996年夏，受文化部委派，贵校少儿艺术团远赴贝宁、多哥，继而来到法国参加在Saint Maixent L'Ecole市举办的国际儿童艺术节。所到之处，该团以精彩的节目、出色的表演和友好的表现受到观众的热情欢迎。Saint Maixent L'Ecole艺术节主席赞扬该团是参加艺术节所有艺术团中"年龄最小、节目最棒"的艺术团。小演员们克服初次出国的种种不适，圆满完成出访任务，向参加艺术节的各国少年儿童传递了和平和友谊的美好心声，为中法文化交流做出了贡献。

十二年过去了，当年的小演员已长大成人。我们相信，贵校少儿艺术团现在的小演员们一定继承他们的优秀品质和出色才能，继续排练和上演着同样精彩的舞台和人生的节目。

祝贵校庆典活动取得圆满成功！

驻法兰西共和国大使馆<br/>2008年12月2日

深圳市南山实验学校：

欣闻贵校建校76周年，在此，谨向李先启校长以及全校师生员工致以热烈的祝贺！

2002年，受文化部委派，贵校少儿艺术团访问意大利，巡演所到之处，精彩的演出给当地民众留下了深刻的印象，获得了巨大的成功。此次艺术团出访，不仅圆满地完成了国家交给的任务，同时也为加强中意两国儿童间的相互了解、增进彼此友谊、发展两国文化交流做出了积极的贡献。值此校庆华诞之际，衷心祝愿贵校在今后的发展中承前启后、继往开来，为促进我国与其他国家文化领域的交流与合作再立新功。

预祝贵校校庆活动圆满成功！

驻意大利使馆文化处<br/>2008年12月4日

驻法国、意大利使馆贺电

## 贺电

深圳南山实验学校：

  喜闻贵校76周年校庆，谨向贵校李先启校长及全校师生致以热烈的祝贺！

  贵校少儿艺术团于2002年夏季受文化部委派参加乌克兰克里米亚国际艺术节，受到了参赛国的一致好评，并一举获得艺术节一等奖，为中乌两国少儿文化交流做出了贡献。

  至此，对贵校在中乌文化交流中所做的贡献表示感谢，并向贵校76周年庆典致以热烈的祝贺！

驻乌克兰使馆文化处<br>
2008年12月2日

深圳南山实验学校：

  值此贵校迎来建校76周年庆典之际，谨代表中国驻奥地利大使馆文化处向贵校全体师生表示热烈祝贺和诚挚问候。

  76年来，贵校积极探索、勇于创新，不断深化教育改革力度，在全面培养和提高青少年的综合素质方面成绩骄人。此外，贵校还积极开展对外文化交流活动，尤其是2002年受文化部委派组织"少儿艺术团"赴奥地利访问演出并获得圆满成功。为加深中奥两国青少年的友谊，促进他们之间的相互了解，推动中奥文化交流的发展做出了积极的贡献。

  祝贵校在今后的各项工作中取得更加辉煌的成绩！

中国驻奥地利使馆文化处<br>
贾建新<br>
2008年12月8日

驻乌克兰、奥地利使馆贺电

# 庐山脚下的江西会议

少儿司被合并后，热爱和从事少儿舞蹈工作的编导们渴望有个家，渴望有人继续扛起这面大旗，带领大家不断进取。

时任中国儿童音乐学会会长的前少儿司申司长和身兼儿童音乐学会副秘书长的金英华老师、张先敏老师以中国儿童音乐学会的名义联合江西南昌大宇学院的章跃进领导，一起在南昌举办了江西全国儿童舞蹈研讨会。这个会议的重点议题是，在少儿司不复存在的情况下，怎样把一盘散沙、各自为政的全国著名编导以及后起之秀团结起来，为儿童舞蹈事业再创辉煌。

此次会议，虽不是官方举办，而是半民间性质的，但在这几位能人的操办下也很成功，组委会为勉励大家，专门为参会的有成就的编导们颁发了"优秀少儿舞蹈编导"的奖牌，我也获得了这一荣誉。

为了大家今后联络方便，主办方还制作了有照片、有工作单位、有联系方式的精美画册。大家唏嘘不已。时过境迁，好多人因各种原因已离开了这个岗位，仍坚守的都是痴心不改的。但令人欣慰的是又加入了很多能人，为儿童舞蹈事业注入了新鲜血液，增加了新的活力。

江西全国儿童舞蹈研讨会代表合影

西安会议全国各地的优秀代表，空军蓝天幼儿艺术团团长贾乃政与编导桑鲁兵亮相。

历史的长河不仅大浪淘沙，后浪推前浪永远奔涌向前更是它的主流，且势不可当。陆燕卿、杜娟、温宝、郑丹、扬晴、江建卫、宋歌等年轻有为的编导、教练就是那时涌现的。更可喜的是，著名儿童舞蹈家桑鲁兵老师、曹尔瑞老师、达古拉老师、颜蓉璇老师，当时已经在全国名扬四方，他们的众多作品已经很有影响了。他们在这次会议上集中亮相，无疑给大家增强了信心，平添了力量，如虎添翼。我也深受感染。原空政歌舞团团长贾乃政当时已调蓝天幼儿艺术团任团长，也投身到儿童舞蹈事业中，从最基层幼儿园做起。

现在仍然活跃在基层，活跃在儿童舞蹈事业上的朋友们发展是不平衡的，有的顺风顺水，有的举步维艰，但他们乐在其中，互相鞭策，因为他们在为全国小朋友编织着璀璨明媚的阳光蓝天！

## 中美儿童文化年

我曾两度获邀参加中美儿童文化年。这个艺术活动旨在增进中美儿童的了解和友谊，促进两国儿童交流，弘扬各自的传统文化。中美儿童文化年是在美丽的夏威夷举办的，当地州政府、檀香山市政府、中国香港新苗文化发展公司、华侨界首领都把它当作一件大事来抓。

我和李平老师第一次率成都"娃乐贝"艺术团前去参加。

我们经日本飞抵檀香山，在机场迎接我们的主办方代表已手执花环等候多时，他们用夏威夷当地的传统礼节迎接我们。当中国队伍出现，他们就热情地拥上前来给我们每个人脖子上戴一个芬芳四溢的美丽花环，顿时驱散了旅途的疲劳，我们感到无比兴奋和新鲜。

停车场一辆辆白色礼宾车足有好几米长。让人开眼界的是穿草裙的印第安土著姑娘，戴着花环摆着身姿在车旁亮相，呈现一道靓丽的风景。

夏威夷是著名的热带风光城市，由几个美丽的大岛组成，艺术节主要设在檀香山市。檀香山一边濒临大海，与之平行的另一边是繁华热闹的主要街道，两边商铺经营各种世界顶级的奢侈品。我们下榻的酒店就在离市中心不远的地方，到处是缤纷的花园、巨大的榕树，尽显热带风光。带小

▶ 中美儿童文化年　　237

和孩子们在夏威夷街头，脖子上的花环是热情的夏威夷人送的。

和孩子们在夏威夷街头

朋友们到海边去玩或到大树下纳凉，清风里散发着淡淡的馨香，让人心旷神怡。黄昏，落日的余晖斑驳地洒在地上，在幽静的街道树荫下漫步很是惬意。

我最喜欢在夜风中欣赏夏威夷街道两边高耸的灯柱，团团火焰在灯柱上袅袅摇曳。主办方介绍说，这是当地土著人崇拜火神的象征。

不远处有一个同性恋公园，我们经过时三步并着两步赶紧离开。不光是因我们带着孩子，主要是它与我们的社会风气、婚姻恋爱观、价值观相去甚远。那时听到这名词就像听见魔鬼一般，现在反而包容了。

我们在夏威夷中学、小学联欢。美国的学校下午两点以后就放学了。在偌大的室内体育馆坐满了美国学生和家长，他们表演的是器乐、独唱、独奏。我们表演的依然是我创编的舞蹈。我们的"友谊火车"又开到了夏威夷。这辆"火车"承载的是中美儿童的友谊，也承载着中美两个大国之间的信任和友好发展。

参观珍珠港

▶ 中美儿童文化年

演出完后我们把印有"中国——美国、美国——中国"的火车道具送给了夏威夷中学留作纪念。演出中我看见我的好友,著名钢琴教育家但昭义的高徒之一,深圳艺校的青年钢琴家薛啸秋等人也来参加了此次艺术节。除了舞蹈,他的演奏也是这次艺术节的一抹亮色。

我们参观了珍珠港后,檀香山市市长在市政大厅接见我们。市长是一个高大的黑人后裔,笑起来那一排白白的牙齿和和蔼可亲的模样让人倍感亲切。他给我们介绍了夏威夷的政治经济情况,陪同我们参观了市政厅及陈列室,还亲自送我们到市政厅大门口,并一齐合影留念。

我突然发现我们仅五岁的小演员不见了。原来她要解便,又不敢问洗手间在哪里,跑出来在花坛边拉起来。我环顾四周,又没有清洁工具,正焦头烂额时突然急中生智捧起花坛中的泥土,把它埋起来,然后再用脚踢进花坛土中。我终于松口气,幸好还没有造成不好影响。

晚上回去,我和李平老师(去德国访问的乖乖女陈芗的妈妈)赶紧召

檀香山市市长与中国小演员合影

与川音幼儿园胡红园长前往市政厅

与高大的檀香山市市长合影

成都"娃乐贝"少儿艺术团与檀香山市女市长合影

集小朋友开会，教他们建立公共卫生意识，包括洗完手不能乱甩水，用完洗手间要好好冲，公共场所不能大声喧哗，在餐厅吃饭不能抢座，不能浪费，洗漱盆里不能有头发等。原本这些都该提前教好的，这次走得仓促，怪自己忽略了。带孩子出去，除了一切亲力亲为外，每一个细节都不能有任何闪失。

第二次率七中嘉祥外国语学校小学部艺术团参加，首演是在檀香山市

赛后，孩子们在夏威夷海滩玩耍

中国城。远远映入眼帘的是具有中国特色的一片建筑，我们知道这就是中国城了。再加上华侨们敲锣打鼓，又耍龙又舞狮的隆重而热烈的欢迎，我们都激动起来，真有宾至如归的感觉。我们身上都流着同样的血液，血浓于水，那种同胞亲情溢于言表，大家纷纷握手拥抱。

演出时侨胞们的热情几近疯狂，演出之后久久不愿离开。华侨界联合会余会长、刘会长纷纷上台发言，表达对同胞的欢迎和感谢，对祖国的热爱和眷恋。我们深受感动，演出无疑是非常成功的。

晚上侨界举行大型庆功宴，在宴会上我与著名儿童舞蹈家、上海的郭子徽老师久别重逢，有谈不完叙不尽的心里话。郭老师为了事业终身未娶，他的敬业精神尽人皆知。与深圳群艺馆歌唱家梁珈老师也意外相聚。他们都是率团来参加中美儿童文化年的，且各有斩获。新老朋友欢聚一堂。余会长、刘会长代表侨界与大家频频举杯共同祝愿祖国好，大家好，孩子们好！

巧遇老朋友——中国儿童舞蹈家郭子徽

在中美儿童文化年上与侨领合影

▶ 中美儿童文化年    243

中美儿童文化年闭幕式

在颁奖台上

与中国驻洛杉矶文化参赞合影

第二天在夏威夷大剧场举行了闭幕式暨颁奖典礼，我们的舞蹈《雪域欢歌》荣获了金奖！我们又一次不负众望。时任中国舞协《舞蹈》杂志社社长兼总编的赵士军老师、副秘书长沈敏华老师等也参加了此次盛会。

岁月易逝人易老，那些历程与馈赠永远定格在我们的生命中，我心里永存对同行共事的人的感恩与感动！

## 教育就是播种爱

离开深圳少儿艺术团，离开南山实验学校转瞬就是十六年了。虽然时间已变得久远，但在那里与艺术团的小朋友们，与李校长、张校长、陈校长以及同事们朝夕相处的时光，我从来都没有忘记。一想起南山，所见过的景，所发生的事，所经历的人，我常常心生感动，难以平静。

南山实验学校的大门口有一座名为"师生情"的雕像，一位女教师手挽一个小男孩充满信念地走向前方，一条金色的爱的纽带把他们连接在一起，雕像对面的花坛里，盛开着洁白的栀子花，走过其间，浓郁的花香扑鼻而来，这时你从花丛中回望雕像，仿佛那师生情在飘荡的香气中散发开，让你的心中充满浓浓的爱意。作为一名教师，你会顷刻间激情奔涌，耳畔回响着李校长的办学理念："教育就是播种爱！"这个"爱"字大大地书写在校园的每个角落，让你顿感肩上的责任是如此崇高和艰巨。你会时时问自己，你是否爱学生，是否爱每个学生，每个学生是否得到你的爱？你是否在为这个目标奋进，"做人，做中国人，做特区现代化中国人"？

艺术团是学校的一部分，一个学校展现素质教育的重要部分。学校大部分教师是从全国各地挑选来从事语、数、外等基础教育的优秀教师，他们还身兼班主任，不像其他一些学校，常常不放学生参加艺术活动，他们的任务好像永远只有作业、作业，成绩、成绩。

  我因为工作训练的时间常常是一早一晚、周六周日，尤其是创作的特殊性，工作较有弹性，学校很尊重创造性劳动的自由度，所以从来不要求我坐班。越是这样，你越感重任在肩，你越不想辜负校长的器重，越想出成果，出好成绩。在学生上文化课时，我就做服装、道具、选音乐、选材等。每每我酝酿节目夜不能寐，在校园里徘徊，举目一望，几乎每层楼每一个办公室的灯光都亮着，好像暗夜里的星光在闪烁。老师们有的在做课件，有的在改作业，有的在学电脑，让人为之振奋！这些年轻老师在校长的领导下，共同营造了一个奋发向上的好氛围。我从内心深处感受到了一种无形的挑战，向年轻人学习，不能故步自封！

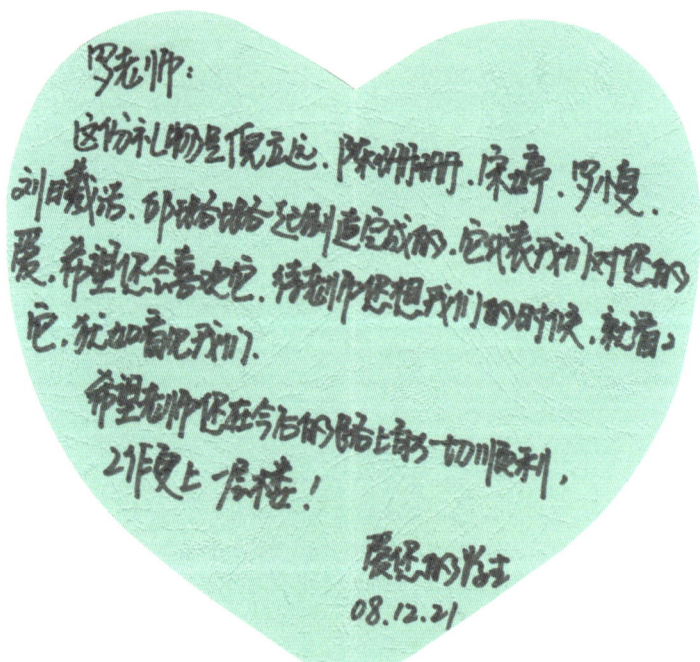

来自孩子们的问候

有时激情就随之而来！《我们是祖国的接班人》就是徘徊在校园里的幽香下，闻着一草一木的芬芳，进入创作的最佳状态编成的。这个节目里有一段表现少先队员不怕困难、顽强学习的精神，也为了突出高潮，我用了二十个演员原地前桥并挥舞红领巾的动作。红领巾形成了一个个原地转动的火圈，非常壮观，每到此时，观众就会爆发出经久不息的掌声，为学生的高难的技巧，为这一技巧形成的震撼力和场景喝彩。

在深圳市的体育场，我记得临开演前已穿好服装的小朋友张远林给我说："罗老师，我头疼想吐，可不可以不跳？"我用手摸了摸她的头，发高烧了，我赶紧坐下，把她抱在怀里，并给她抹上风油精，轻轻地按摩太阳穴，安慰说："别急，少一个人也看不出来，你闭眼休息会儿，演完了我们马上去医院。"我让她闭眼休息，把她轻轻放在后台的沙发上，赶紧去招呼其他六十个孩子，给她们检查服装、道具是否就位，当报幕员宣布我们的节目时，六十个少先队员英姿飒爽敬着队礼迈着整齐的步伐上场。随着表演的深入，在雷鸣般的掌声中完成了高难动作，我一下看见了生病的张远林，精神抖擞地在台上表演。我惊愕得张大嘴说不出话来。一下场，我感动地把她搂在怀里，差点掉下了眼泪："你怎么上去了？你在生病！""我不能影响大家，我咬牙坚持下来了。"多懂事的孩子，多热爱艺术，多热爱集体，多热爱集体的荣誉！

我不知这个孩子现在在哪里，可这件事永远刻在了我记忆里。她才十岁，有毅力，那么优秀，长大一定会非常有出息！

还有一位同学叫常艺矛，她爸爸是一位出色的书法教师，培养了很多小书法家。一次出国训练时，因孩子多，我没照顾过来，常艺矛看见别人技巧都过了，一着急，在我没保护时，自己强行过，因为用力不均，把手弄骨折了，当场痛得脸色发青大汗淋漓，把我吓坏了，赶紧扶起她。只见她疼得说话都发抖了，反而安慰我说："罗老师，对不起，我不小心摔了，没事。"我既心疼，又惭愧自责，都是独生子女，她爸爸又是我在学校的同事，怎么交代？我一面叫车送她去医院，一面很内疚，万一有什么问题，影响她学习怎么办？

我想她父亲一定会责怪我，我做好了承担责任和接受批评甚至赔偿的准备。检查结果出来了，骨折，并做了治疗，打上了石膏。我把常艺矛送回了家，自己傻傻地在舞蹈教室发呆，自责地想：怎会疏忽了呢？家长把孩子交给我，孩子安全就是天大的事啊！

第二天晨练，常老师推门进来，不仅没有丝毫责难，反而宽慰我说："罗老师不要紧，常艺矛没那么疼了，小孩子训练哪有不伤胳膊腿的，恢复得快，没关系，别往心里去啊！常艺矛让我转告您，她好了会马上回到练功房来。"

常艺矛是那批学生里较小的一个，说话奶声奶气，天黑了排练完，练功房一关灯她就吓得往外跑。没想到关键时候，那么坚强。他们父女的顾大局、识大体、善解人意和善良宽厚给我上了一课，他们不也是在播种爱吗？我也得到了同事、学生、家长爱的雨露滋养。

记得第二次出访法国、西班牙时，学生高安逸由于父母离异严重影响到身心和学习，她曾一度情绪低落，悲观消极，老师怕她再掉队，建议不让她去。可她酷爱跳舞，嗜舞如命，李校长想用她的一技之长去重塑她的自信心和决心。李校长和我找她谈话后决定带她出访。这以后高安逸完全变了一个人，不仅振作起来，努力学习，跳舞也有了长足的进步。在法国和西班牙，她跳的孔雀舞都受到好评，她常常主动在街头教外国朋友跳孔雀舞，把自己热爱的中国民族舞弘扬光大。后来高安逸不仅考上了美国的大学，去年还一举夺得了全美华埠小姐季军的荣誉，为祖国争了光！她说，当我穿上中国的旗袍站在领奖台上时，我更热爱我们的民族文化，更爱培养了我，让我从小走向国际舞台的南山实验学校，更爱学校的老师们。

教育就是播种爱　　249

中国深圳少儿艺术团在西班牙街头表演《孔雀舞》，身穿白孔雀服的是高安逸同学。

2019全美华埠小姐第三公主

和孩子们在法国街头

中国驻法国文化参赞与全体带队老师合影

组委会向观众介绍李先启校长和我

西班牙街头表演后的合影

西班牙街头巡演后与外国小朋友合影

与外国小演员合影

坐在鼓上歇会儿

与艺术节前组委会主席重逢,他高兴地捧着我们第一次出访的画册。

我们第二次在法国、西班牙演出时,艺术团有几个吹管乐的小男生,特别吸眼球的是从加拿大专程回来加盟的小帅哥李思睿。他是李校长的儿子,吹萨克斯的小乐手。因为校长工作太忙,读初一时就把他送去加拿大了。当时他只有十三岁,可是艺术团的重体力活,我们巡演转点,上、下车,搬运道具、行李,都是他一马当先,俨然一副大人模样,我真怕把他伤着。李校长总笑眯眯地欣赏着他的"作品",说:"长得牛高马大,让他锻炼锻炼。"

其实思睿很小时就显露出他的勇敢。记得有一次,李校长出差,临时让我带带他。突然,深圳刮起了台风。按惯例,为了安全,深圳各单位都不上班,学校不上课,繁华的闹市一下空寂无人。只有台风在暴虐地狂啸,越刮越烈,肆无忌惮地摇撼着满城的大小榕树,到处发出树枝断裂、门窗脱落掉地的令人毛骨悚然的声音。只见天空一股急速翻腾的黑色云浪夹着怒吼的霹雷,一道闪电带着一串火球的霹雳在我们房顶上炸开了,整个大楼都在摇晃,像是要把屋顶掀开,我们这层楼的窗子有的也被狂风吹

▶ 教育就是播种爱　　253

第二次参加法国国际儿童艺术节,李思睿专程从加拿大赶来参加演出。

大姐姐刘然专程从英国赶来与第二次
参加法国艺术节的小妹妹们见面

当年的小刘然已长成大姑娘

落到地上发出碎裂的响声。我正想拉个桌子把门顶住，闪电突然迸发的惨白光芒一次又一次地照亮整个房间，我赶紧冲上床抱紧李思睿，生怕雷电把他掠走。我紧张得有点发抖，也许是初生牛犊不怕虎吧，这时李思睿睁大眼睛看着我问："这层楼上有几个男的？"我说："只有一个男老师住在那头。"他赶紧说："罗老师，别怕，还有我，我也是男人，我可以和他一起保护你们！"

天哪！他才四岁，这是一个四岁小男孩的话吗？那么勇敢，那么有责任和担当。瞬间，我被感动得热泪盈眶，为了不让他看出我的怯懦，我镇定了下来，赶紧拖来桌椅，把门顶住。然后说："谢谢你，李思睿！我们在一起什么都不怕，你是一个真正的男子汉！"

也许是基因遗传，也许是耳濡目染，也许是李校长的教育理念——"教育就是播种爱"在他幼小的心里扎下了根，得以体现！

当年，我们艺术团在区委和教育局领导带领下去贵州省最穷困最边远的威宁县扶贫、慰问演出。我们先飞到昆明，然后从昆明坐大巴长途跋涉。因为山路崎岖，车颠簸得厉害，盛夏赤日正逞着它的威势，把火焰般的光芒射向大地，像要烤焦一切。大巴车没有空调，大家汗流浃背，我们给孩子们吃了晕车药，他们正昏昏欲睡。燥热的风夹着一路尘埃，向大巴扑来，前面车子扬起黑灰，我用扇子使劲扇着好让自己凉快一点，鼻子嘴巴里全是土。有大人开始抱怨："怎么把我们派到这个地方来。"我苦笑了一下："到了目的地，孩子们还要表演呢。"

经过七个多小时的长途煎熬，终于在落日的余晖中到了目的地。

威宁这个小县城终于出现在我们眼前，虽然穷困却不失热情，全城几乎是倾巢出动，敲锣打鼓欢迎我们。我赶紧给已经战胜了路途劳顿开始兴奋的小朋友们化装，准备演出了。这时好奇的威宁小朋友把我们围得水泄不通，刘局正拿着相机想把这场面拍下来，"轰"的一下，小朋友全跑光了。原来他们把刘局端着的相机当成枪了。那会儿通信不发达，边远山区的孩子什么也没见过，难怪他们给吓跑了。我心里觉得很酸楚，同在一片蓝天下，孩子们的境遇却是这般不同。他们穿得破破烂烂，也没学上。唯一的县城小学挤不下这么多学龄儿童，他们只有在家里帮忙干点农活。

威宁很干旱，天全是湛蓝湛蓝的，没有一丝云彩，却已开始蒙上一层淡淡的烟雾，显出它的神秘。

刘局走了，孩子们克服了心理障碍，又开始围聚过来。我仔细看了看这些孩子，个个都长得十分可爱，乌溜溜的眼睛又明亮又纯净，就像他们的心灵，挂在脸上的微笑闪耀着光彩。我突发奇想，南山实验学校可不可以帮建一个希望小学，让他们都有学可上？我把这一想法告诉李校长，李校长说："我们这次来就是要支持当地建一所希望小学的，我们带来了资金、书籍和慰问品，要在今晚的演出后赠送给威宁，前几天你出差了，没有听见我在学校宣布这一消息。"我猛然想起，出发前我们艺术团小朋友都积极参加了募集大会，捐了很多书本、衣物、零花钱和玩具。"手拉手，共享一片蓝天"是我们的座右铭，就像我的孩子急需上学一样。我感到欣慰，长舒了一口气。我让我们的孩子主动与腼腆的威宁小朋友手拉手交朋友。我们的孩子还把带来路上吃的食品一一送给了他们。看见大家在一起友爱相融的样子，我和李校长心里充满了希望。改变山区的落后面貌，播种我们的爱，奉献我们的爱，除了我们这一代的努力，还后继有人了！

## 不是尾声的尾声

在深圳待了八年，回成都后又立刻投入成都的儿童舞蹈事业中。因为媒体的宣传，我在深圳的情况这边都了如指掌。还没喘过气，成都外国语学校、成都七中、嘉祥学校、川音幼儿园、军区幼儿园、"娃乐贝"少儿艺术团等单位纷纷力邀我担任他们的艺术指导或舞蹈编导。我依然应诺，因为我好像就是为舞蹈而生的。

我每天乐此不疲奔走在这些单位之间，为他们创作、训练，这期间也出了不少成果，比如率成都外国语学校金太阳艺术团、绵阳艺术学校两度赴土耳其国际艺术节都获得最高荣誉，带成都军区幼儿园、川音幼儿园两次去新加坡比赛都荣获金狮奖金奖，率七中、嘉祥、"娃乐贝"艺术团再赴美国参加中美儿童文化年获金奖，率妈咪家幼儿园、成都外国语学校金太阳艺术团、川音幼儿园等赴德国参加中德青少年艺术节，都得到一片赞誉，这期间还参加了中央电视台"拉法杯"少儿舞蹈比赛，中国文联、中国舞协举办的"小荷风采"厦门海峡两岸三地少儿舞蹈比赛，北京"新苗杯"，都获得骄人的成绩，人们称我为"国际民间文化交流的使者"。

率"娃乐贝"艺术团在德国演出

小演员接受采访

担任舞协主席，新年晚会后，中央电视台主持人采访。

我非常喜欢这个称谓，这是对我的认同，像"四川省三八红旗手"等，我并没有沉迷在其中，我深知我还需不懈努力和充电。

二〇一二年我被选为成都市舞蹈家协会主席。成都是一个省级城市，有三千多年的历史，有一千多万人口，深厚的历史文化需要有能力的人来领导大家去挖掘、继承和发展，博大精深地反映现实时代的舞蹈作品，需要去组织、开拓、宣传。丰富多彩的民族舞蹈需要去发扬和创新，广泛的群众舞蹈需要去组织和开展、提升。舞蹈的传承、理论研究、教学、创新与发展都需要人去引领,这就是担任主席所需要起到的重大作用。

我开始思考:不能局限在儿童舞蹈这个层面,成人的、大学生的、中老年的、专业的、业余的都应该重视且齐头并进!

好在我们的新班子里,有著名的编导、演员,有大学的舞蹈教授,有群众舞蹈的精英骨干,大家在一起,群策群力,研究怎样把转型时期的舞蹈工作做好。

首先我把舞协的副主席、秘书长刘雅平创意的《美丽心情》这一群众舞蹈做成成都市的一个品牌,这就团结了一大批中老年舞蹈专家,再去带动浩大的业余舞蹈群体。

在成都市举办的新中国成立六十五周年庆典上,我和文联领导罗波致辞。

《美丽心情》现在是具有一定水平的亮点，由这里出来的优秀作品如《生命通道》《快乐广场》《伴》《萌动》等是中央电视台《舞蹈世界》的常客，得到了很高的评价。

我们引导中老年艺术团首先要进行创作，要有反映自己生活的作品，如《云水间》《好一个都江堰》等都在全国获奖。

当下专业团体都不怎么景气，我们就把《美丽心情》发展成有专业团体、舞蹈院校参加的一个综合赛事。并在政府、文联的支持下，每年做一次展演和比赛，鼓励创新和出作品，给专业舞蹈院系多一个展示的平台，因为能参加全国荷花奖、"桃李杯"的毕竟是少之又少。

我们又不遗余力地把他们推荐到省或全国的赛事中去。儿童舞蹈照抓不误，还经常组织各种讲座、比赛，为培养更多的儿童舞编导和艺术幼苗而努力。

在这种基础上，我们还举办了建国六十五周年、建党九十周年大型演出。文艺志愿者下基层体验生活，参加省舞协的各种活动等。舞协的工作蓬勃发展，有目共睹！

在这里我特别要感谢市文联的信任，以及王玉兰主席领导下的省舞协的帮助和支持，感谢以刘雅平为首的协会班子的共同努力，我和刘雅平副主席还一起主编了记录成都市舞蹈事业发展历程的大型画册《舞迹》。

这次出书，也是在大作家舒淳的鼓动下动笔的，感谢他给我写序，洋洋洒洒近万字。感谢中国儿童歌舞学会的大力支持，感谢著名儿童舞蹈家韩维鸣、金英华、张先敏等老师给我的鼓励，感谢美国洛杉矶世界华人文化艺术交流中心主席，作家刘俊民老师，美国作家、编辑黄红英老师和川音毕兴教授、四川电影电视学院教授翁如老师给予的宝贵意见，感谢我的好友、同学吴大雍，感谢文联刘勇处长的支持，感谢李先启校长、张鹏校长给我的实质性的帮助。要感谢的人太多，这里就不逐一赘述了，感恩一路遇见和关心我的所有人！

# 附录一
# 部分获奖证书

罗马尼亚金孔雀国际儿童艺术节一等奖证书

附录一　部分获奖证书

罗马尼亚迎春花国际学生艺术节一等奖证书

波兰比得哥什国际儿童艺术节最佳儿童舞蹈证书

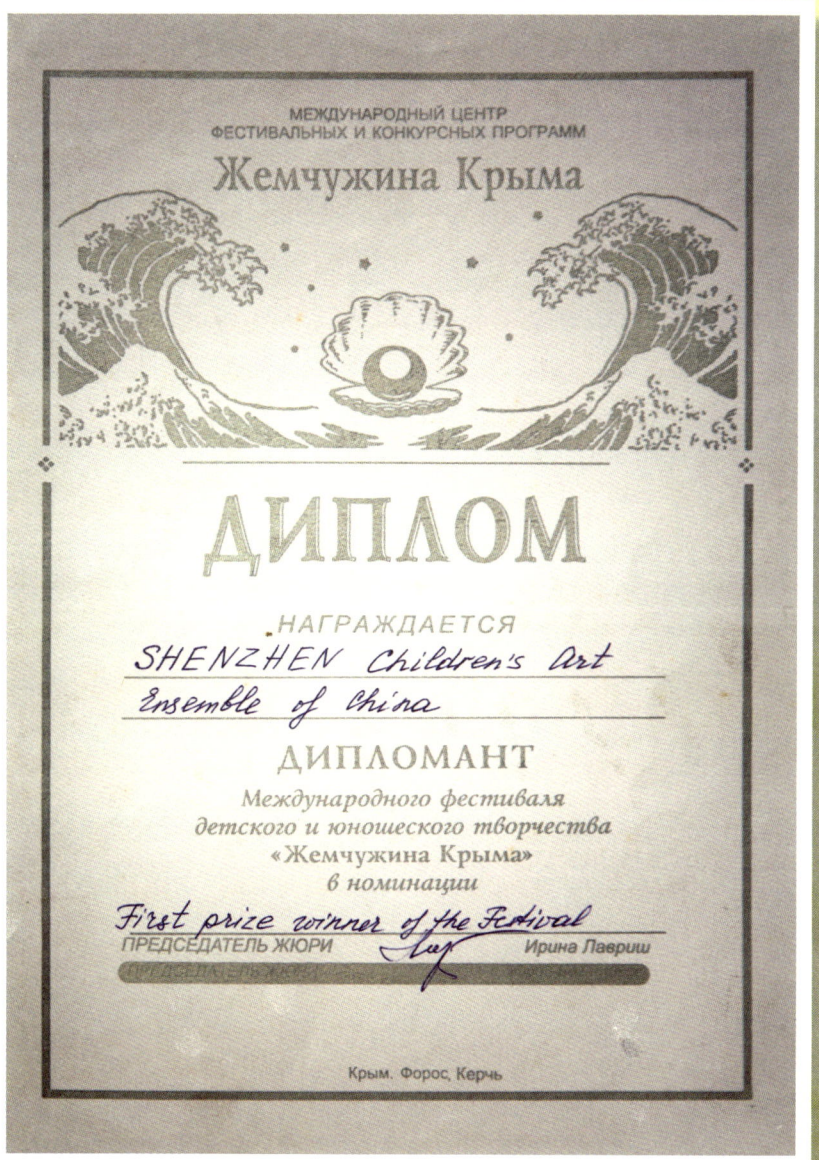

乌克兰国际儿童艺术节一等奖证书

意大利国际儿童艺术节获奖证书

附录一 部分获奖证书 267

土耳其国际儿童艺术节获奖证书

柏林中德青少年艺术节获奖证书

▶ 附录一  部分获奖证书

夏威夷中美儿童文化年一等奖证书

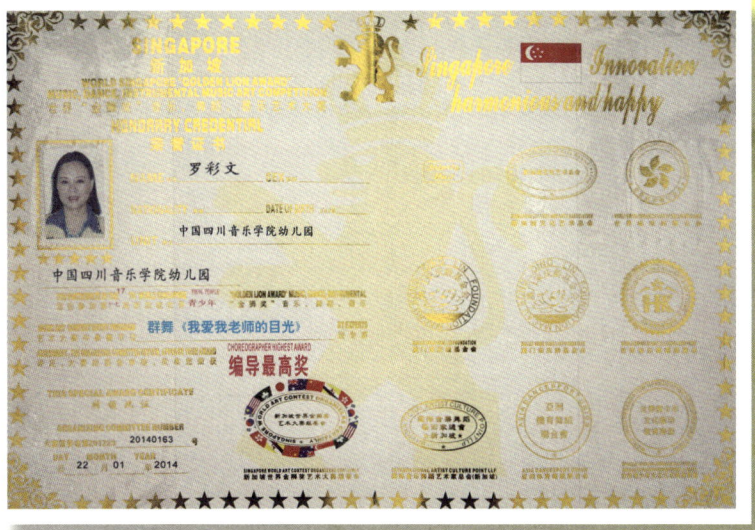

新加坡国际儿童艺术节编导最高奖——"金狮奖"大奖

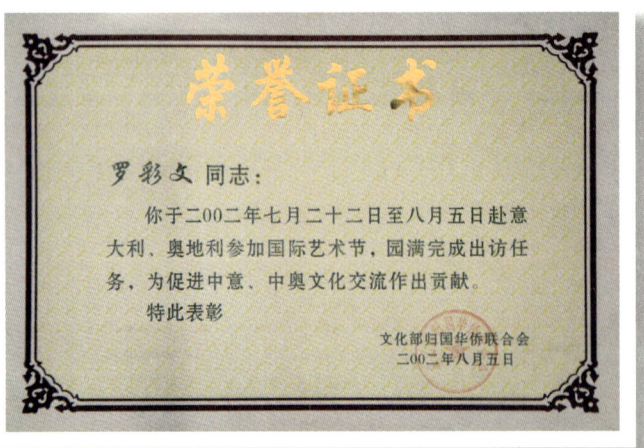

▶ 附录一　部分获奖证书

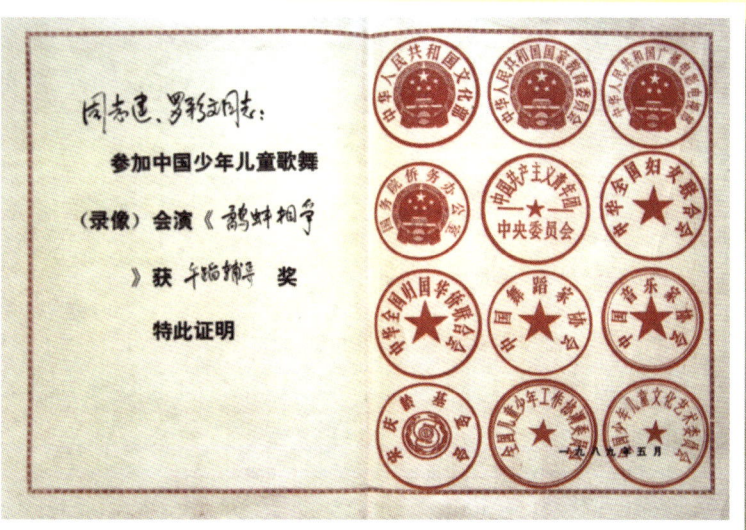

罗彩文同志为少年儿童舞蹈创作,多年辛勤耕耘做出突出贡献,特发此证,以资鼓励。

全国少年儿童文化艺术委员会
中国舞蹈家协会
一九九一年九月

# 获奖证书

罗彩文 同志的作品《鸽子·孩子·明天》

在中国第二届《小荷风采》少年儿童舞蹈汇演评比中

荣获 金 奖。

特颁发此证

中国文学艺术界联合会
中国舞蹈家协会
天津华夏未来少年儿童文化艺术基金会

二零零零年八月

▶ 附录一 部分获奖证书 273

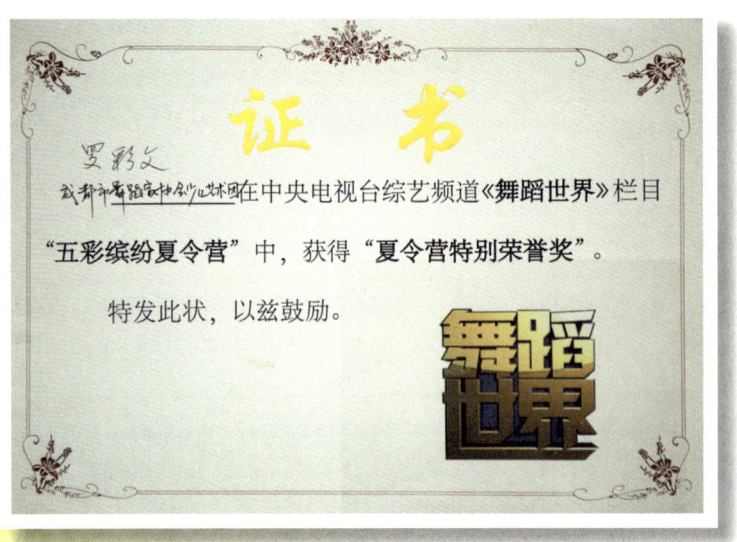

# 附录二 舞蹈剧照

＊剧照摄影：张鹏　张金智

彩|色|的|爱

文化部委派出访节目单

节目单内页

▶ 附录二 舞蹈剧照 277

幼儿舞蹈《种太阳》

幼儿舞蹈《爱》

幼儿舞蹈《我们都爱大熊猫》

幼儿舞蹈《泥娃娃》

幼儿舞蹈《孩子·鸽子·明天》

幼儿舞蹈《小猫钓鱼新编》

幼儿舞蹈《小小粉刷匠》

280 彩色的爱

少儿舞蹈《黄鹂鸟》

少儿舞蹈《鹬蚌相争》

少儿舞蹈《明明与孔雀》

少儿舞蹈《红披毡》

少儿舞蹈《我和小伙伴一起飞》

少儿舞蹈《绿色的希望》

少儿舞蹈《北京喜讯传边寨》

▶ 附录二 舞蹈剧照  283

少儿舞蹈《原上草》

国际熊猫艺术节·《春绿》全景

彩色的爱

国际熊猫艺术节·《春绿》

附录三
部分报道及评论

## 为儿童播种"太阳"

舞台上一群红鼻子丑娃娃，随着主角小指挥银色小指挥棍的挥舞，一会儿夸张地弹奏，一会儿滑稽地跳动。舞蹈以美丑并列，丑中见美，用万花筒似的律动变幻，产生出和谐。这是儿童舞蹈《北京喜讯传边寨》留给人的深刻印象。

这台由成都幼师舞蹈教师罗彩文创作的儿童舞蹈作品专场，一推出就给人新颖独特之感。六月三日在成都新声剧场首演，观众出现了少见的激动场面，带着孩子观看演出的父母、爷爷奶奶们眼里噙着泪花，向出来谢幕的罗彩文长时间鼓掌祝贺。

罗彩文十多年来利用业余时间奔波于成都的十多所幼儿园及青少年宫、群众艺术馆，辛勤播种艺术种子，培养了一批又一批舞蹈幼苗。由她辅导排练的数百个儿童舞蹈作品，其中有许多在全国、省、市儿童舞比赛中获奖，并在中央电视台，省、市电视台播放。

这位省少儿文化先进工作者、中国儿童歌舞学会理事认为，儿童舞蹈应以培养孩子良好的道德品质和审美能力为目的，因此她创作的作品切入点和表现力总是不同凡响。舞蹈《泥娃娃》的构想来自小朋友捏胶泥的玩耍中，体现了孩子们的丰富联想。《玩具钟表店》更是意趣盎然。四个小女孩，以手臂、腿夸张地摇摆，穿梭在十个扮演钟座的小朋友中间，随着队形的变化，舞台上出现大小形状各异的时钟。"时钟"在转动，小观众们自然地领悟了珍惜时间、与时间赛跑的道理。中国舞协从事专门研究的专家程心天认为，罗彩文的儿童舞蹈作品题材小中见大，寓意深刻，儿童性强，突破了浅层次的表现手法，具启示性、示范性。

罗彩文是我省举办儿童舞蹈作品专场的第一位。文化部少儿司司长范丛燕专程从北京来看演出，她握着罗彩文的手说：这样的演出全国少见，欢迎到北京！

记者　许佳
1992年7月7日《四川日报》

# "这是爱的奉献"
## ——观罗彩文儿童舞蹈作品晚会

应挚友之邀，我高兴地观看了罗彩文同志儿童舞蹈作品的展演——《彩色的爱》。这样的晚会，在四川实不多见。演出一共展出了12个节目，都是从她近几年来的创作中挑选出来的佳品，可以说各具特色，宛如一挂美丽的珠串。它是作者对少年儿童，对少年儿童舞蹈事业倾注了炽烈爱心的结晶。她从各个不同角度，运用各种不同的手法编织的这"彩色的爱"，反映了少年儿童丰富多彩的生活和美好的心灵，歌颂了我们伟大的时代，是作者献给孩子们的礼物，是她对孩子们的爱的奉献。这爱的磁场，把我紧紧地吸引住了，使我们不知不觉地萌动了童心童趣，进入了那儿时的美妙梦幻之中……

帷幕慢慢升起，灯光逐渐明亮。一群可爱的小朋友，正在那里忙碌着，他们轮番地搬土、揉土，认真地从事着属于他们的创造。干什么？捏泥人！他们不捏小猫、小狗，也没捏小兔和老熊，他们用劲地搓呀，搓呀，捏就的却是一个太空机器人。这就是开场的第一个舞蹈《泥娃娃》。作者通过这个舞蹈，把孩子们的理想与追求，巧妙地揭示了出来，使人们毫不怀疑地确认，未来太空的征服者、中国科技的一代新星将从他们当中成长起来。这个开场，先声夺人，使整台晚会洋溢着强烈的时代感。

《绿色的希望》恰似一首淡雅的抒情诗。舞蹈从儿童的视角出发，通过儿童与人格化的"树苗"之间的友情，形象地呈现出"树苗天天在长大，我们天天在成长"的主旨，以及孩子们憧憬着绿树成林的美好希望，从而启迪孩子们用劳动、用爱心去护持小树的成长，去播撒大地的绿茵。

《我和小伙伴一起飞》和《种太阳》是两个表现残疾儿童的舞蹈。作者的爱心不仅关注着众多的健康儿童，而且也没忘记在我们生活里更需要去关心、去同情、去爱的残疾儿童。作品用艺术形象提示我们，要向他们奉献更多的爱。作品也让我们感受到作者的爱心是多么广阔、多么深。而且，这两个作品并非简单地在说教，在"劝善"，也不只局限于表现孩子对残疾儿童一般的爱护、帮助，舞蹈的重心，却是着力地揭示残疾儿童的可爱、可敬的内心世界。那下肢瘫痪的羌族儿童向往"和小伙伴一起飞",飞向蓝天、白云,自由地翱翔于天空;那一对盲童,他们虽然失去光明,但并没有放弃对光明的追求,努力"种太阳"。作者唤起的不是要我们付出点廉价的同情,而是要我们去理解残疾儿童,让那些"身残志不残"的残疾儿童,能够得到人们真正的关爱和支持。

《我们都爱大熊猫》更加富有儿童舞蹈的特色。"拯救大熊猫"在全世界引起了强烈反响,而特别喜爱大熊猫的各国小朋友们,更是争先恐后地表达自己的一份爱心。他们合手捧着自己最喜欢的食品——香蕉、西瓜、糖果、"娃娃头"冰糕、糖葫芦来到现场,倾注着友好的感情,饲养大熊猫。这种超越时空的手法,生动地反映了主题。那童心、童趣的魅力,笼罩着整个剧场,巧妙地引起观众发自心灵的共鸣。没有作者对儿童们的深入了解和观察,万难创作出这样的作品。

《北京喜讯传边寨》,这支管弦乐曲虽早已蜚声全国,可今天我们见到的却是一群"丑娃娃",用舞蹈在"演奏"这一首名曲。作者别具匠心的神来之笔,为晚会画下了一个完整的句号,让我们在激昂、欢乐的乐曲声中,欣赏了"丑娃娃"们丑而不俗,丑得可爱,"丑态"百出的"演奏"后,十分舒畅、愉快,并在兴犹未尽中,步出了剧场。

晚会的每一个节目,所饱含的作者赤诚的爱心,给了我们极其深刻的印象。

罗彩文少儿舞蹈作品,不仅题材广泛,特点突出,视角也新颖,手法更不雷同。在舞蹈语汇上,她采百花自酿蜜,借用民族民间舞蹈、现代舞和戏曲舞蹈的动作韵律特征,用她胸中对儿童舞蹈的爱火,熔炼出个个不同特色、形象鲜明的舞蹈语汇,使她创作的舞蹈不仅具有时代感,而且有浓郁的地方风格,颇有川味。这些大概就是罗彩文儿童舞蹈晚会能获得成功的重要原因吧。

袁　燕（儿童工作研究家）

## 未泯的童心　彩色的爱
——访成都儿童舞蹈专场《彩色的爱》编导罗彩文

九月初，成都儿童舞蹈专场《彩色的爱》在首都民族文化宫演出，受到了首都少年儿童和少儿文艺工作者的欢迎。"彩色的爱"这个标题很有意味，点出了这台舞蹈的主题，即孩子们对生活、对人生的多姿多彩的爱。透过这充满生机、希望和友爱的儿童世界，我们又见到了编导罗彩文对孩子、对少儿舞蹈事业的一片挚爱！

《我和小伙伴一起飞》中坐轮椅的"残疾少年"，一脸稚气，充满自尊和自信，她渴望像健全儿童一样到郊外放风筝，渴望像风筝一样在生活的天空中翱翔。系在轮椅上的风筝线被挣断，她扑身去捉，"砰"的一声摔倒在地，接着一个"跪转"，一个顽强而执着的残疾少年形象鲜活地立在舞台上。

作为成都幼儿师范学校的舞蹈讲师，罗彩文每年都要带学生到幼儿园实习，为她深入孩子的心灵世界、了解孩子们的生活创造了条件。《我们都爱大熊猫》《明明与孔雀》，以儿童特有的方式表达了对动物的爱，《绿色的希望》表达了对大自然的爱，《原上草》表现了生命力的顽强，《玩具钟表店》《鹬蚌相争》等都体现了罗彩文对少儿舞蹈的探索和追求，这些节目均在中央电视台和四川电视台播放过，并多次获得全国儿童歌舞录像比赛、成都市艺术节大奖。在目前少儿舞蹈创作不景气、简单化、成人化的情况下，罗彩文的探索给少儿舞蹈送来了一阵清风。舞蹈专家们高度评价她对儿童生活的准确理解和把握，以及独到的艺术表现形式。这些对于她来说似乎是自然而然、水到渠成的。其奥秘就在于她的不泯的童心、对孩子们付出的无私的爱。

一次，罗彩文到一所幼儿园，发现一位叫李杨的小朋友在看图说话时，有很好的语言表现力，她认为孩子的父母一定是教师，并对他进行过语言训练，于是便问李杨："你爸爸妈妈是干什么的？"李杨低下头，半天才说："我没有爸爸，妈妈做生意，那位叔叔不喜欢我，婆婆（奶奶）接我回家。"罗彩文的眼睛湿润了，多么聪明的孩子，父母离异给他带来了心灵创伤，这是否会影响他的前途？后来，罗彩文见到了李杨的母亲，跟她长谈了几次，嘱咐她："一定不能委屈了孩子，有什么困难尽管找我。"根据这件事，罗彩文创作了舞蹈《爱》，获成都市第二届艺术节优秀作品奖（最高奖）。

　　童心无染，对孩子付出了爱，也会得到爱的回报。有一次，罗彩文连续几天加班排练，累得呕吐，头疼欲裂，躺在地板上。一个八九岁的男孩，拿了一只苹果，削好了皮，跪在她旁边说："老师，给您，老师您吃了吧，吃了会好的。"罗彩文不知从哪来的力量，一下子站起来，继续排练下去。

　　罗彩文十六岁毕业于四川省戏剧学校，分配到绵阳歌舞团，开始了三十个春秋的舞蹈生涯。她演过《白毛女》中的白毛女、《红色娘子军》中的吴琼花、《红缨》中的杨开慧，是团里的顶梁柱演员，她说这是她人生的黄金时期，至今还常常怀念。她爱事业，也爱自己的家庭，但作为一个事业型的女子，要做到两全是多么难！她爱人李西林是四川音乐学院的音乐指挥，曾担任过中央电视台"五洲杯"青年歌手电视大奖赛的乐队指挥。夫妻两人都是追求事业的人，谁来照料家庭？常常是他出差刚回来，疲惫地躺在床上，希望得到她的温存、她的照顾时，她却打点行装要出发了。最揪心的是两人都出差，孩子就得交给邻居轮流照顾，有一次孩子得了猩红热，病危了她在外地还不知道。为这些，夫妻二人没少吵过，甚至也发生过激烈的冲突，但风暴过后，尤其是妻子取得了一定的成就后，丈夫还是理解了妻子，搞事业的人最懂得成功的来之不易！一九八〇年，罗彩文含泪离开了心爱的舞坛，调到成都幼儿师范，从事少儿舞蹈的创作和教学。

　　这台舞蹈节目成功了，这成功后面包含着她多少辛酸、多少眼泪！在掌声和鲜花面前，她没有喜形于色，也没有摩拳擦掌再干一番的表示，她只是说："我很累，搞一个舞蹈，服装、配器、录音等要花上千元，我在幼儿师范，没有经济实体支持，钱从哪来，还不得到处求人资助？你的节目不成功，宣传不了投资者，人家能愿意？但搞艺术谁又能保证每件作品都成功？这把我逼上了一条荆棘路，后退没有出路，我只好咬牙走下去。"

记者　晓余<br>1992年9月6日《中国教育报》

## 甘为他人做嫁衣
### ——成都市少儿艺术团蜚声京城

九月三日，北京民族文化宫里，掌声经久不息，成都市少儿舞蹈赴京演出的最后一个节目落下了帷幕。这时，国家文化部少儿司范司长热血沸腾，这位司长近来正为推荐一个少儿演出团访问台湾的事伤脑筋，真是得来全不费功夫。

这是一支"杂牌军"。全部十二个节目，少儿幼儿各占六个。幼儿节目分别由四家幼儿园承担，少儿节目全部由成都市锦江区青少年宫承担。将五家单位维系到同一个舞台上演出的唯一原因，是他们演出的全部节目都是由成都市青年舞蹈教师罗彩文编导的。

罗彩文名不见经传，但却是一个真正的舞蹈家。她编导的少儿节目立意刁峭，品位高，富有时代感，近年来已经在全国多次获奖。然而，这位不谙世事的舞蹈家空有激情和灵感，却苦于一没有人，二没有钱，满脑袋的构思，找不到娃娃来"兑现"。为了找到合作者，她四处求爹爹告奶奶，多次碰壁之后，抱着不妨一试的心情，找到了成都市锦江区青少年宫。

成都市锦江区青少年宫历经十年经营，已经为我国少儿舞蹈事业做出卓越的贡献，曾先后在国家及省、市的各种舞蹈竞赛中数次获奖。他们曾承担"92"四川国际电视节闭幕式上的演出。这里培养出的少儿舞蹈演员功底扎实，感觉灵敏，富有儿童的特色，能得到他们的配合是罗彩文梦寐以求的事情。

可是，青少年宫不同于一般幼儿园，他们自己就承担着编导节目的任务，他们也有能力将他们编导的节目进行会演。现在，叫他们放下自己的事情不干，来为一个同行"个体户"做嫁妆，他们干吗？

没有想到，"惺惺惜惺惺，英雄怜英雄"，锦江区青少年宫的领导在听了罗彩文的想法，看了罗彩文的节目之后，毫不迟疑地表示要给予全力支持。事后，一位慧眼识珠的少年宫领导告诉记者：我一看她的节目，就感到一种从未有过的震撼，我相信，她的节目打出名声只是迟早的事情。

果然，在他们合作半年之后，文化部少儿司范司长偶然看到他们的节目，并为这些节目所深深打动，当即拍板，邀请他们赴京演出。

这次赴京演出，锦江区青少年宫出钱出人，承担了几乎全部的组织和事务性的工作。他们中的不少人都是第一次到北京，为了演出，为了保证一百八十多个孩子的吃住，直到演出的那天，到北京近十天了，还没见过天安门什么样；有孩子生病了，少年宫的主任和老师半夜背着孩子找医院，通宵达旦；小演员第一次离开父母，有人想家了，他们就一个个抱着孩子，后来，这些孩子不叫他们老师，而叫他们叔叔、阿姨。

演出获得圆满成功，颁奖会上，青少年宫派出的领队默默地坐在会场一角，聆听人们对整台节目的高度赞扬。这时，范司长突然发现了他，大声喊道：喂，你是这台节目的主角，后勤部长、演出组长、公关部长都叫你当了，怎么坐在角落呢？

他们就是这样，为了提高整个民族的文化素质，甘愿在艺术教育上，为他人做嫁妆。

1992年9月5日《解放军报》

## 徜徉在童心的海洋
### ——看成都市儿童舞蹈专场《彩色的爱》

长久以来，少儿舞蹈一直存在着成人化的通病。可是，日前在京公演的成都市儿童舞蹈专场《彩色的爱》却令人置身于一个纯净、率真的儿童世界，那极富感染力的表演使成年人也情不自禁地与孩子们同忧同喜、同歌同乐，共同徜徉在五彩缤纷的童心天地里。

随着那画满各种儿童画、印着孩子们小手掌印的大幕布徐徐升起，台上响起明快动人的乐曲声，四川省军区幼儿园的孩子们首先出演《种太阳》。好神奇的"种太阳"，小娃娃们拿着小铁锹一丝不苟地挖着土，浇着水，果真种出两大盆东西，上面结着太阳一样的果实，两个盲童也被领来参加了种太阳的队伍。孩子们真诚地期盼着他们的果实能够把世界的每一个角落都变得温暖而明亮。

一个从头到脚穿成土色的小朋友伏在那里扮作一团大胶泥，一群小孩子跳呀笑呀，浇水呀和泥呀，渐渐地，大胶泥变成了一个土头土脑的泥娃娃，他们给他穿靴戴帽，贴上嘴巴，画上眼睛，一个泥娃娃变活啦！这是成都石油总机械厂幼儿园的孩子们演出的《泥娃娃》。

在《我们都爱大熊猫》里，听闻大熊猫因饥饿而出现了危机，世界各国不同肤色不同服饰的娃娃们纷纷举着食物来慰问大熊猫，不过他们拿的不是竹子，而是香蕉、苹果，还有糖葫芦、大雪糕。

最有趣味的是压轴戏《北京喜讯传边寨》，听名字，人们还以为台上会出现一群少数民族的娃娃，可谁知幕布一开，现出一个穿黑色燕尾服的小姑娘，手拿小棍，像模像样地指挥乐队演奏呢！而她的乐队呢？则是一排黄裙黄帽、红鼻头红脸蛋、玩具木偶一样的"丑娃娃"。她们双手空空，却假装操持着各样乐器，有弦、有管、有锣鼓，还有芦笙，欢快地演奏着那首著名的曲子……

演出结束后，台下一些孩子家长高兴地说："像这样儿的节目别说孩子们喜欢，我们大人也爱看。"

这台节目的编导罗彩文是成都幼儿师范学校的舞蹈讲师。十几年来，她倾注于儿童舞蹈艺术，取得了丰硕成果。这台舞蹈专场集中了她少儿舞蹈创作中的精华。作为一名少儿文艺工作者，不仅要有一颗爱心，更重要的是理解孩子，用心底的爱去捕捉孩子的脉搏，领悟孩子的情感，从中提取、升华出艺术成果。罗彩文正是领会了其中真谛，才以心血凝结出这许多七彩的花瓣。

　　此次成都市儿童舞蹈专场赴京演出，成都市委宣传部、市文化局、市文联、市教委和省军区政治部联合行动，可谓党政军齐动员。成都市委宣传部还将这台节目列入"五个一工程"。这一方面体现了成都党政军各界对少儿文艺工作的重视和支持，同时也是对罗彩文老师教学成果的充分肯定。

记者　王虹

1992年9月6日《中国文化报》

## 儿童舞蹈的新坐标
### ——评罗彩文儿童舞蹈专场的艺术指向

儿童舞蹈的发展历程,也就是儿童舞蹈创作与表演不断出新、不断突破、不断跨越的过程。由全国少年儿童艺术委员会、中国舞蹈家协会、成都市委宣传部、市文联等八个单位联合主办,成都市锦江区青少年宫等多个单位承办的罗彩文儿童舞蹈专场《彩色的爱》,以其反映儿童意趣的宽绰与烂漫,表现儿童心态的多彩与纯净,揭示儿童思维的新奇与走向,运用儿童自身的舞蹈语言,描绘了一个五彩缤纷的儿童世界,使儿童舞蹈的创作与表演,达到了一个新的高度。

**幼儿舞蹈——一展学龄前儿童的纯真**

儿童舞蹈,从年龄分段上界定,可归结为两大类,即学龄前的儿童舞蹈和学龄后的儿童舞蹈。前者系幼儿舞蹈,后者为少儿舞蹈。

幼儿舞蹈是幼儿心灵的窗口。成都石油总机械厂幼儿园表演的《泥娃娃》《我们都爱大熊猫》,虽都取材于娱乐活动,由于切入视角的不同,作品意向迥然。《泥娃娃》通过一团有感知、能滚动、会跳跃的胶泥,被揉捏为一个精制的太空人,孩子们尾随其后,步入宇宙星际,遨游茫茫苍穹的遐想,揭示出一个富有鲜明时代特色的主题:今天的孩子,将是明天主宰自然、创造奇迹的主人。《我们都爱大熊猫》则以各国小朋友于郊游中巧遇大熊猫饿昏倒地,孩子们挎着药箱,捧着糖果,拿着奶瓶,举着糕点急步赶来"抢救"为中心事件,昭示出各国儿童肤色有别,语言各异,却心愿相通,友爱相融的思想意念,挥毫自如地将作品融入发展国际交往、增进团结友谊的时代流向中。

幼儿舞蹈含有的思想意蕴,往往是通过比较简洁的艺术表现形式而取胜的。成都市日杂公司幼儿园表演的《小小粉刷匠》、四川音乐学院幼儿园表演的《玩具钟表店》所蕴藏的思想含量,对幼儿舞蹈来说,似乎是超负荷的。然而,在罗彩文的舞思下,却深入浅出,如涉平川。前者仅以一把长柄大刷为载体,采用几何图形的拼接、架搭与变化，时而构成屋顶，时而组成小窗，时而连为顶棚，时而筑为围墙，忽上忽下，忽聚忽散。一个单纯的情绪舞蹈，既表现了当代儿童热爱劳动的生活图景和忘我好胜的孩子心理，又反映了改革开放以来人民生活日益改善的时代风貌。后者便是以模仿为切入点，整个舞蹈只有一个贯穿动作，即效仿钟摆的双臂左右晃动。就在这强化钟摆的自然形态中，编导设置了一个极有意蕴的细节：一个小朋友瞄准正在跳动的秒针，撒开双腿，奋力与之比赛，形到意到，妙笔点睛，生动地展示出当代儿童从小就有着珍惜分分秒秒的进取精神。

情是艺术之魂。四川省军区幼儿园表演的《种太阳》和《爱》，在探索幼儿舞蹈如何动之以情的实践中，获取了成功的尝试。如果说幼儿心目中存有两个世界，即现实世界与幻想世界，那么《种太阳》便是这两个世界的契合。众所皆知，太阳不是种的，也是不可触摸的。但是，《种太阳》却以两个盲童对太阳的神往与想象，不仅种了出来，而且色彩斑斓、伸手可及，把孩子心中的幻想世界自然贴切地融解在现实世界的空间，使作品获得异端的新意。令人折服的是舞蹈的结尾，小朋友们抱举起盲童，扑向悬挂的太阳，渐渐地向太阳贴近、融合……一个博大的想象空间扑面而来。在情流的涌动中，《爱》所掀起的情感波澜，从儿童到成人都无不深受感染。

就此看来，罗彩文创作的幼儿舞蹈，已步入一个高品位的艺术格局，即融娱乐于表演，寓思想于艺术的可喜境地。我以为，投视于当代儿童生活，注重于当代儿童情趣，涉足于当代儿童思维的艺术指向，是这些幼儿舞蹈具有高品位格调的真谛所在。

### 少儿舞蹈——炫示学龄后儿童的品貌

罗彩文儿童舞蹈专场，由幼儿舞蹈、少儿舞蹈各半计十二个儿童舞蹈组成。全部少儿舞蹈均由成都市锦江区青少年宫训练有素的小朋友表演。罗彩文编创的少儿舞蹈，无论是选材或立意，构思或体现，都展露出向深层次高格调发展的趋势；并以其自我童化的要求，既不使自己的视点代替孩子的眼睛，也不以孩子的眼睛完全取代自己，这就比较有效地避免了少儿舞蹈成人化的偏颇。

没有开拓性的艺术想象，便没有新巧的艺术创造。借乐曲名称而命题的《北京喜讯传边寨》，以超脱常规的思路，出人意料的视觉，从群体演奏的角度，描画了孩子们不同寻常的思维特征。显然，这是一个以七八岁的小学生为表现对象的作品，编导依据这一年龄段带有嬉闹性的生活层面，出奇地把孩子们打扮成一个个"丑娃娃"的模样，她们仿佛手持各种乐器，采取夸张、变形与模仿的手法，映照出一颗颗纯真的童心，流泻出一缕缕多彩的童趣，迸发出一串串晶莹的童真，既有儿童生活的可信性，又有孩子思维的奇特性，给人以丑中见美、怪中显真的艺术品位。

积极的思想内容和与之相适应的艺术表现，是少儿舞蹈对孩子们进行艺术教育最有实效的一种方式。

《我和小伙伴一起飞》《明明与孔雀》不仅拥有深刻的思想意义，而且具有鲜明的艺术形象。前者通过一位残疾儿童与小朋友一起放风筝的生活侧面，一方面展示了同学间团结友爱的良好风尚，同时又揭示出残疾儿童不仅怀有远大的理想与坚定的抱负，同样也怀有为人生的价值而奋发搏击的意志。后者通过一位小朋友打伤孔雀后醒悟懊悔的事件，形象地启示同学们从小就应养成保护动物、讲究公德、有错就改的行为规范。

在以舞育人的创作意向中，另一个突出的作品是《绿色的希望》，它以三个小同学浇灌干枯的小树苗为契机，进而引发出小树苗一天天长大，孩子们一天天成才的思想意蕴。整个舞蹈轻盈欢快，层次清晰，既有诗一般的意境，又有画一般的美感，从干渴枯萎、畅饮甘露的形象雕琢，到抽枝拔节，绿树成荫的动作设计，都透射着孩子的形态与情致。此外，寓言体舞蹈《鹬蚌相争》，饶有情趣地表述了两相争斗，渔翁得利的典故。这四个舞蹈虽属叙事性作品，却并未停留在事件过程的陈述，更未拘泥于事件表象的描摹，而是以事喻义，以意造情，以情带舞，以舞树人，并依据不同作品的特定内容，创造了各有特色的舞蹈语言，通俗而不肤浅，在启迪儿童理想追求、道德观念等方面，既有诱导性，又有教育性。

如果说文学是写人的学问，那么舞蹈便是舞人的艺术。儿童舞蹈理应遵循其舞人的轨迹，直面儿童生活，创造儿童形象。尤其是对大龄儿童的向往、求索与成长，更需加倍重视，万般投入。这次罗彩文少儿舞蹈作品中的《原上草》，于这方面迈出了实为欣喜的一步。取材于大自然景色的《原上草》，得之于伟大爱国诗人白居易的诗作。舞蹈吮吸其精髓，用凝练的形体语言，逼真地表现了"野火烧不尽，春风吹又生"的思想哲理。作品采用以草喻人、以人写情的方法，使虚拟性与真实感融会贯通，浑然成趣。当野火席卷而来，草童迎着烈火，奋力抗争，以急促的连续翻滚和双腿抽缩曲卷的组合，呈现出一幅震撼心扉的壮丽图景。顷刻间，大地苏醒了，春风习习吹来，旷野泛起新绿，编导为此设计了以掌臂破土而出，节节上仲的动作，并以舞台不同的定位，由一承二，自三至五，迅速扩展为整体的舞段，这便是生命力的感召和生命力的永存。《原上草》所盛赞的这种勃发向上、生机益然的顽强品格，不正是当今儿童思想风貌的真实写照吗?

　　编导从思想深度、结构方法、动作语言等方面，都比较恰当地把握了十三四岁儿童的特征。在以往的儿童舞蹈创作中，这一年龄段是一块贫瘠的土地。《原上草》的出现，填充了这个空白，投放了一片新绿。

　　罗彩文儿童舞蹈专场的作品，在反映儿童生活上，既有广度，又有深度；在把握儿童情趣上，既有孩子特点，又有思想寓意；在探觅表现形式上，既深入浅出，又富有形象；在编织舞蹈语言上，既依托于儿童生活，又致力于艺术提炼，为儿童舞蹈的创作与表演，提供了新的经验。我以为，这是儿童舞蹈园地的一个新的坐标。它所蕴含的社会效益，将超越作品自身的存在价值，并预示着儿童舞蹈创作与表演的又一个春天。

程心天（解放军空政文工团编导、舞蹈理论家）

《舞蹈》1992年第6期

# 搏起多彩的浪花
## ——观儿童舞蹈《泥娃娃》

大幕徐徐拉开,一团"胶泥"团在舞台中央的平台上,一群活泼可爱的小姑娘不停地挽动着稚嫩的小手,上上下下地捏呀、搓呀,节奏是那样鲜明,情绪是那样欢快。突然,出乎观众的意料,那团"胶泥"渐渐地活了起来,观众的注意力一下子就被吸引在这团"胶泥"上了,情绪随着这团"胶泥"的变活而兴奋起来。随着小姑娘们揉与捏的律动,"胶泥"不断地滚动、摇摆。在小姑娘们一双双小手的拍打、搓捏下,"胶泥"终于被捏成了一个美丽的太空娃娃。这时观众的情绪又一次被推向了高潮。接着小姑娘们跟随着太空娃娃舞起了太空步,慢慢地飞向宇宙……观众的心似乎也被一齐带到了浩瀚无际的太空。

这就是四川省成都市儿童舞蹈工作者罗彩文同志创编的儿童舞蹈《泥娃娃》的情节。作者紧紧抓住了儿童心理富于幻想的特点,完全以儿童的眼光去看这个世界,一切都是那样的神奇、美妙。作者把爱捏胶泥这一传统的儿童情趣与儿童玩具已发展到变形金刚、电动机器人这一时代特性有机地联系起来,使《泥娃娃》这个舞蹈具有极强的感染力。

这个舞蹈在创作手法上的第一个特点是构思出奇,以此而获得广大观众和小朋友们的喜爱。作者突破了以往表现泥娃娃舞蹈的惯用创作手法,浓彩重墨地突出塑造了"胶泥"的舞蹈形象,设计了大段的地面动作,把"胶泥"被孩子们捏来捏去的动态形姿表现得活灵活现。舞蹈一开始,展现在观众面前的是一团无生命的"胶泥",继而表现这团"胶泥"在孩子们的精心制作下,如何变成了一个有生命的活泼可爱的太空娃娃的全过程。这"奇"字就奇在作者的创意是突出表现泥娃娃被捏成以前的特定环境与特定意境,使观众感到十分亲切、真实。

这个舞蹈在创作手法上的第二个特点是以巧来渲染艺术效果,把静与动("胶泥"从团卧的静止造型到各种摆动)、捏与被捏、主动与被动的强烈对比,加以艺术性的强化,并配以节奏明快、热烈活泼的音乐,极其生动地展现了儿童那种天真、烂漫、极富幻想的感情世界，由此而产生的艺术效果使得观众在情感上产生了共鸣和审美的满足，久久不能忘怀。儿童看了这个舞蹈仿佛身临其境；成人看了犹如观赏了一幅回忆童年情趣的图画，因为儿时大都玩过捏小泥人的游戏。然而当代的儿童已经不仅仅是捏一般的小泥人了，他们捏太空人、机器人，展开的是现代儿童理想的翅膀。从这一层意义上来说，这个舞蹈还体现出了时代气息和时代精神。

《泥娃娃》这个舞蹈在罗彩文儿童舞蹈专场中犹如一朵独放异彩的小花，散发着奇特的幽香。罗彩文同志之所以能创作出这样生动活泼的儿童舞蹈，是因为她关心儿童、了解儿童。她畅游在儿童生活的海洋中，才能搏起多彩的浪花，给孩子们以多彩的爱。

张先敏（中国儿童音乐学会副秘书长、著名儿童舞蹈编导家）
1993年3月《舞蹈》杂志

# 一封相关的信

诗蓉同志您好：

看了晚会，十分兴奋，我觉得这是一台以富有儿童特点的舞蹈语言表现了当代中国少年儿童纯真的心灵美的晚会，为数年来所少见，难能可贵，可喜可贺！（具体的我将在座谈会上谈。）

由我参加主编的《中国舞蹈词典》文字部分已经完工，无法添加。最近两天正在编发彩色插页稿，所以我想将这台晚会上精彩剧照挤进两张，此举虽不能起非常及时的宣传效应，但却具有较长期的保留价值。因此，请您为我们提供几张彩色剧照，可在以下作品中各选择一两张：《种太阳》《泥娃娃》《我们都爱大熊猫》《原上草》《我和小伙伴一起飞》。剧照要求有动感、舞蹈性强、色泽对比清晰、可制版。《原上草》就可用宣传栏里的那一张，但不需要那么大，六寸即可。

此事要快，开座谈会时必须给我，不然就来不及了。如果工作实在困难，不勉强，算了。此事乃我的一种好心，细想起来有点仓促，搞艺术的都爱冲动，您酌情处理吧。

四日下午见。

握手。

徐尔充（中国艺术研究院舞蹈研究所教授，舞蹈理论家、教育家）

## 播种太阳的人
——记儿童舞蹈编导罗彩文

你是一个"马大哈",你的笑话一箩筐:胃病犯了,误喝下60毫升的汽油自己居然不知道;把豆粉当洗衣粉放入洗衣机,还直夸"高效低泡";做菜没了酱油,你没头没脑往杂货铺跑,到了才想起酱油瓶忘家里了……

我们一直奇怪生活的大而化之与事业的"斤斤计较"是不是你身上奇特的互补?儿童舞蹈很久以来一直是"温吞水",不冷不热。你这个在全国没什么"段位"的成都幼师舞蹈讲师,却居然凭着一台专场、十二个少儿舞蹈"爆"了京城,也"火"了不景气的儿童舞蹈创作。秋天在北京受到热烈欢迎的这台节目名字取作"彩色的爱",看过节目的老艺术家按捺不住激动,直呼是"少儿舞蹈的精品"。编导罗彩文无可争议地成了众人关注的焦点、整台晚会的灵魂。

你爱儿童舞蹈源自爱儿童,爱儿童在五岁丧母的遥远回顾中或许可找到答案。渴望母爱渴望温情的童稚之情让你在成年后仍拥有对孩子炽烈的爱、热切深情的眷顾。当你站在二幼的窗下眼含热泪地倾听一个饱受父母离异创伤的男孩诉说他心中向往的春天时,当胃病使你痛得躺在排练场,孩子用黑黑的小手递过来削好的苹果时,我想你对孩子的爱心只能转化为一份更持久的追求,一份对自我实现的前驱力。这使你跻身儿童舞蹈的世界时,不仅翩翩得道,也必然忘了家中还有同样迷恋着他的指挥棒的丈夫和学钢琴的独子。

十三岁你考入了省戏剧学校,毕业时因为政审不能撞开空政文工团的大门,却凭实力当上了绵阳歌舞团的主要舞蹈演员。三十个春秋轮回,你由初涉舞蹈圣殿的小女孩转变为传道授业的教师。一九八〇年底,你创作的第一个少儿舞蹈《为了明天》获得了市比赛的一等奖,从此你的每一个"产品"都与奖杯结缘。《明明与孔雀》《我们都爱大熊猫》获市艺术节一等奖;《我和小伙伴一起飞》《鹬蚌相争》获全国第二届儿童歌舞录像比赛二等奖与优秀作品奖……

成功为何?

总是捉迷藏和抓鱼，总是冲天辫子加红肚兜，总是友爱互助团结第一……新中国的儿童舞蹈莫不因观念守旧雷同而失去小观众。你于是打算进行创作上的反动——将不仅是乡村题材，你糅入新时代的电动玩具与变形金刚；将不再是对乐曲的简单图解，在情趣创新中"出人意料又在情理之中"；将不再硬邦邦宣扬五讲四美三热爱，在简易通俗的形式中展示博大气势和深沉的主题……

独创，仍旧是独创。这就是你在长夜的辗转反侧绞尽脑汁和节假日的"加班加点"中所要追寻的。没人相信你费尽心血创作排演分文不取，没人相信开放搞活全民经商的时代还有人高喊"神圣职责"跳入"淡水区"。你想穿上一双红舞鞋，旋转不停。或许在教育领域还真需要你这样的老师？

碧绿的原野，孩子们郑重地播种下了太阳。一丝不苟地浇灌，培土，太阳慢慢地长大了，长大了——有一天，红红的太阳终于升起来，它的光芒照彻了大地，照亮了孩子们的眼睛。欢呼传遍了原野，连两个盲童的心灵也被照亮了……

《种太阳》，不仅是你的作品，也无疑是对你艺术之梦的最好诠释。罗彩文，一个将太阳播种于心的女人，一个也把阳光洒向孩子们的女人。

也许，在不久后，从一个令人耳目一新的舞蹈中，从一本散发墨香的《儿童舞蹈概论》中，又会有你的消息传来。

张纾　陈晓霞<br>1993年2月8日《成都晚报》

# 涛声依旧
## ——记罗彩文在深圳

### （一）

如果您还记得一九九二年中国舞协等八单位在北京主办了一场《彩色的爱》少儿舞蹈专场，定会记起该场晚会的编导——在少儿舞蹈上取得卓越成绩的罗彩文。

十年过去，一九九五年从四川移师深圳的罗彩文现任教于南头小学，她在这里开办了具有一定规模和档次的学生"第二课堂"——少儿舞蹈班，拥有一间令一般学校望尘莫及的舞蹈教室和几十个活泼可爱的舞蹈学生。在罗老师的调教下，这些年龄七至十二岁的孩子，成功地演出了《红披毡》《种太阳》《泥娃娃》《欢乐的节日》《孩子·鸽子·明天》等一批少儿舞蹈作品，并多次获奖，奖项从深圳拿到全国，又拿到世界。仅《欢乐的节日》就在四个国际艺术节上拿到金奖。她沃土般的魅力，在哪儿都能育出好苗、好树。

一个初夏的早晨，我来到罗老师在南头小学的舞蹈教室，她正在为学生排练二〇〇〇年曾在中国第二届少儿舞蹈"小荷风采"汇报评比中获得金奖的舞蹈《孩子·鸽子·明天》。

看着一会儿翻腾出海的浪花，一会儿滑翔着白鸽翅膀的二十几个舞动的小身影，让人感觉煞是纯真可爱。眼前这群小可人儿的舞蹈，勾起我童趣的记忆和烂漫的情怀，一阵快乐捏住我的心。

我是首次观看罗彩文的舞蹈，给我的第一印象是"好看"：由丰富多变的色调、明快的节奏，以及小演员们的娴熟舞技共同组成的"好看"。依此推测，罗彩文的作品定属"有人缘"的一类。第二个印象是她的舞蹈里没有什么"小大人儿"的东西，也没有明显的说教，但孩子们舞出了纯朴、健康，舞出了心情，舞出了他们表现的愿望，这种感觉很不错。

现今编导少儿舞蹈的人不少，可编到罗彩文这个份儿上的并不多，她可以称为

"常胜将军"了。但是我在课堂上看到的她仍是那般兢兢业业,舞蹈课的基训、毯子功、排练全由她一人教,演出时的台前台后,估计她更不敢掉以轻心,她身上没有少儿舞蹈"大腕"的派头。

(二)

罗彩文在南头小学有间布置简单的办公室,屋内墙上挂着几帧儿童舞蹈的剧照,角落里放着几件舞蹈用的道具,散发着一位舞蹈教师的气息——朴素而充实。

她拿了一沓少儿艺术团出访各国的资料给我看,我的确很想知道在外国人的眼中中国的小演员是怎样的。

先看了他们出访时的照片,每个站在舞台上的小演员,都像大牌明星样地向观众挥手致意,好不神气。罗彩文跟我说,她和小演员已三次受命于文化部出访,到过法国、以色列、波兰、乌克兰等近十个国家。不论到哪个国家参加什么艺术节,中国的团队必成焦点,舞蹈节目又是焦点中的亮点。2000年在乌克兰举行的"克里米亚明珠艺术节"上,罗彩文编导的舞蹈《红披毡》成了艺术节上的真正明珠,成为不同肤色的人共同喜爱的对象。"太美妙了""不可思议"一类的褒奖之词总是追踪着中国小演员和他们的表演。在波兰艺术节上,阿·扬库基金会主席激动地对罗彩文说:"你编导的《欢乐的节日》能获得最佳表演奖,不是因为你的学生年纪小,而确实因为在50个国家的代表队中,你们的表演最优秀,你们可以在世界上任何一个国家演出。"

最具说服力的是她的作品在国外不同的艺术节上获奖的证书及奖状,虽然文字各异,但得到的全是最高奖。望着这些证书,听着罗老师的讲述,又一个新话题迫不及待地冒了出来。

(三)

我很想知道罗彩文为何"离蜀投粤",四川不仅是家乡还是她事业的发祥地。四川省也曾给予她"省三八红旗手""省巾帼建业先进个人"等许多荣誉。相形之下,她在深圳只是位客席教师,也不能与她在成都的指挥家丈夫团聚,可一待就是六年,总体衡量应该是得失参半。

罗彩文的回答极为简单:"深圳南头小学给了我很好的发展空间。"

六年前,偶然的机会,罗彩文与南头小学的李先启校长认识了,李校长为了实现"面向全体,全面发展,突出个性,培养能力"的办学理念,四顾"茅庐"诚邀罗彩文。这样她才放下在成都的事业和家庭，只身南行鹏城。

南头小学是广东省的一级学校，为罗彩文提供的事业环境很好，增加了不少新的感觉，最大的喜悦是她又看到了一片少儿舞蹈的新天地，刺激着她耕耘的欲望。

在深圳的六年，罗彩文的生活过得平实又充满激情，她编导出一个又一个出色的作品，教了一批批具有"特长"的孩子，又到了许多国家大开了眼界。但成功的欢乐也伴随着痛苦，几次胃病发作，罗彩文曾躺在教室的地上痛得站不起来，但孩子们对舞蹈的期待又令她必须站起来、舞起来。

斗转星移也许可以改变一些东西，却改变不了罗彩文对少儿舞蹈的热情，改变不了她拥抱少儿舞蹈的身心。

闽人

《舞蹈》2002年第2期

# 罗彩文的世界

八月里的一天，天津有喜讯传来：由南山区创作、选送的少儿舞蹈节目《孩子·鸽子·明天》在全国最高级别的"小荷风采"少儿舞蹈大赛上获得了金奖。这也是迄今为止我区文艺创作获得的最高荣誉。宣传部老领导熊敏学打电话过来："写写罗彩文老师吧，取得这么好的成绩真不容易。"

罗老师我很熟悉，由她一手带起来的南头小学艺术团早已名声在外：三次受文化部委派出国演出，三次捧了国际大奖回来。我知道她是我国少儿舞蹈界颇有知名度的编导、中国舞协会员，八年前就曾在京成功举办个人作品专场演出，好评如潮。我还知道她是个情感丰富、乐于奉献而不会享受的人，为追求事业和丈夫天各一方，也因调不进深圳，至今仍是聘用教师的身份……但直到和她深入交谈，我才了解到她那鲜为人知的内心世界。

罗彩文的世界是一个艺术的世界。她十六岁进专业歌舞团，曾在舞台上演绎白毛女、吴琼花；告别舞台后不甘于当师范教师的寂寞，主动到成都市少年宫编创少儿舞蹈且分文不取。直到取得巨大成功，获文化部嘉奖，荣膺"四川省三八红旗手"，仍把教孩子跳舞看得最重要。五年前，她应南小李先启校长四顾之邀舍家弃业东南飞，看中的非名非利，而是干事业的好环境。最感幸福的是孩子们在舞台上的优异表现和台下观众经久不息的掌声，每到此时，多愁善感的她肯定会泪流满面。

艺术上的强者也是生活上的弱者，罗彩文是个不会照顾自己、也不会照顾家庭的人。胃病犯了，把六十毫升汽油当药喝竟浑然不知；洗衣时把豆粉当成洗衣粉还直夸"高效低泡"；来深圳五年住宿舍，几乎没给自己做过饭……痴迷而一丝不苟的只有舞蹈艺术。

她每天早睡早起，只为有充沛的精力完成好每日两次的训练，双休日也大多泡在练功房里；因训练赶不上食堂的晚饭，常泡一袋方便面了事。同事们看惯了她苦行僧般的日子，直到去成都旅游时在她家小坐，才知她舍弃的生活是多么优越：一百三十平方米的教授房、全天候的保姆、荣耀非凡的丈夫（著名指挥家、国务院特殊津贴获得者、四川音乐学院指挥系主任）。于是惊呼：你来深圳图个啥？罗彩文说：只要干得开心，有成就感。

罗彩文的世界是一个童心的世界。只有像她这样爱孩子、进而用童心来体察生活的人，才会编创出那么生动感人、那么充满情趣的舞蹈。她的《泥娃娃》《种太阳》《孩子·鸽子·明天》等都不是简单地演绎歌曲、图解概念，而是从新鲜的视角切入，用生动的情节和丰富的舞蹈语汇做全新的创造，从而产生强烈的舞台效果。

比如舞蹈《种太阳》，以两个盲童对太阳的神往和想象，把孩子心中的幻想世界自然、贴切地融入现实空间：太阳最后不仅种了出来，而且五彩斑斓、伸手可及；两个盲童也在小伙伴们的帮助下拥抱了他们梦寐以求的光明。为之感动的并不只是孩子和家长，见惯了当今少儿艺术的成人化，才知道罗彩文的探索是多么可贵。

她爱孩子，常为孩子们练功、出访时所表现出来的吃苦精神而感动。当年她在本校上完课，还要日复一日提着沉重的录音机赶往少年宫时，也曾心酸得要落泪，但一看到孩子们的笑脸便把辛苦化为乌有，重又抖擞精神。爱是相互的，她觉得，在无私的奉献中她也从孩子们身上得到了许多。当她眼含热泪倾听一个饱受父母离异之痛的男孩诉说他心中的向往时，当她胃病发作躺在排练场，孩子们悄悄递来刚削好的苹果时，她的爱心便升华为一份更持久的追求，一份更强大的动力。

罗彩文的世界是一个充满阳光的世界。它疲惫，但绝不痛苦；它单调，但绝不枯燥。一份份获奖证书和奖牌，一个个品学兼优的孩子，是对她二十年儿童舞蹈事业的最好回报。同样参赛"小荷风采"，偌大的四川省只得到一份铜奖，当地媒体把"儿童舞蹈专家罗彩文流失深圳"视为败因之一，她则为自己找到了一个施展才能的舞台而感到庆幸。虽然仍未正调、待遇不高，但她不会离开尊重她、喜欢她的南小，因为她从未感到像今天这样富有。

记者　张若雪
2000年9月《深圳报》

# 天天与小天使相会的美丽女人

罗彩文，这位四十二年前就穿上红舞鞋、走上专业舞蹈之路的女性，如今天天与小天使一般的孩子们在一起，用艺术和美去教导"小天使"，教他们更优雅更完美。

一位浪漫的外国人——罗马尼亚国际学生艺术节组委会主席，曾在给罗彩文授奖时说："你是一位带着天使来的最美丽的女人。"自幼习舞，人到中年后介入儿童舞蹈教育，闯荡深圳，回川创业，罗彩文所经历的，是一段完美的艺术人生。

记者面前的罗彩文，穿一件米色夹克，着一条带花纹的米色七分裤，青春未老。

### 把快乐带给孩子

与罗彩文相见，是在她一天都难舍的排练房。

音乐一起，她成了"孩子王"，孩子们跟在她身后，一哒哒、二哒哒地跳起来。

这是我所见过的最美丽、最和谐的舞蹈，因为她身后的小天使们充满了自信和欢乐。按罗彩文的说法，儿童舞蹈首先应当是快乐的。

她正在为"娃乐贝"少儿艺术团排练的，是她在去年全国儿童舞蹈比赛中得金奖的节目《今天我值勤》。一个个四五岁的小女孩，跟着她的手势和节拍舞动，而她不时弯下腰，贴近孩子们的小脸，轻声说：想一想你们最快乐的事，跳舞是很高兴的事情。她不断鼓励孩子们，她的语调里充满了母爱。我没见过这么"麻烦"的排练，她却说，舞蹈老师应当让每个孩子充满自信，这样的美育教育才是成功的。难怪有人说，罗彩文不仅仅是一个舞蹈家、优秀的儿童舞蹈编导，更是一位优秀的教育工作者。

罗彩文是当了十八年专业舞蹈演员后，一九八〇年退下来教儿童舞蹈的。那年她调到成都幼儿师范学校任教，开始了人生新的课题——儿童舞蹈教学。在教学中她发现，大多儿童舞蹈都很生硬，而且过于简单。她从此留心观察孩子的言行，研究孩子的心理，自己编排舞蹈；为了实现自己的儿童舞蹈理念，她还办起了免费的少儿舞蹈班。

那些年，她几乎每个星期天都骑着自行车，带着手提式录音机，跟孩子们在一起。训练没有场地,她就跟一些少年宫说好话,借个"街边边"来排练;她还主动上门"求"一些幼儿园接受她分文不取的"舞蹈教学"。数年艰辛终见成效,一九八九年她编导的儿童舞蹈《我们都爱大熊猫》等在北京中南海演出,中央首长也接见了她。

## 带给孩子爱与美

她带给孩子们的,不仅仅是快乐,她用舞蹈给了他们一个爱与美的世界。一九九二年,罗彩文个人作品专场《彩色的爱》在北京成功举办,她的儿童舞蹈也走进了中央电视台。她让很多人惊讶了,原来儿童舞蹈还能这样精彩美丽!

一九九五年,她作为特殊人才被深圳"挖"去,最初她只答应"借"一年,没想到这一借就借了八年。当时省内对少儿美育还没给予足够重视,深圳走在了前面,能够提供宽松的教学环境,罗彩文如鱼得水,很快就编导出精彩节目并在全国打响,她也因此受文化部委派,带着儿童舞蹈团走出国门。

第一次出访欧洲某国,她带着小演员们走在大街上,引来许多当地人驻足观望,都夸这些美丽的孩子是"来自东方的小天使"。但也有人询问他们是不是来自日本。这触动了罗彩文的心,她感到中国的儿童还很少被外国所了解。回国后,她更加努力地创作,她想让更多的国家了解中国儿童。她的努力没有白费。后来,她先后四次受文化部委派,带着自己的儿童舞蹈团出访非洲、欧洲、中东地区的十多个国家。在罗马尼亚的一次国际学生艺术节上,罗彩文成了最光彩夺目的获奖者,她创编的《欢乐的节日》等三个舞蹈一举夺得了三个金奖。组委会主席是一位浪漫的罗马尼亚人,他在给罗彩文授奖时说了句妙语:"你是一位带着天使来的最美丽的女人。"

## 一下腰穿上红舞鞋

与天使般的孩子们天天在一起,罗彩文童心不老。排练完节目,她穿上一件米色夹克和一条有花纹的米色七分裤,显得非常时尚。舞蹈家的独有气质,使她在举手投足之间,散发出几分优雅和自信。

罗彩文是个爽快人,她说,自己走上艺术的道路很偶然,"一下腰,就穿上了红舞鞋"。

罗彩文五岁时母亲就去世了,三姐妹跟着父亲一起生活,她从小就很懂事。十三岁那年,她已长得眉清目秀,在学校里爱唱爱跳。有一天,课间操时,来了几位陌生人,围着操场转悠,对罗彩文看了又看。后来班主任叫她去办公室,那些人已等在那里，其中一位阿姨叫她下腰。她一脸茫然，那位阿姨用手在她的腰间一搂，她一下腰，反手就触到了地。又问她喜不喜欢跳舞，她点点头。又让她回家征求一下大人的意见，是否愿意送她学舞蹈，她没有多考虑就说：愿意！

就这样，十三岁的罗彩文只身一人，从南充到了成都，进了省戏剧学校。因为她从小就学会了独立，所以学习、练功都很自觉，非常用功。当她毕业时，她被来选演员的空政文工团一眼就看中了，可惜当年要讲"家庭出身"，因为她家"不够革命"，最终她没去成，去了绵阳地区歌舞团。

罗彩文人漂亮，舞也跳得好，在"文革"年代里她常演白毛女、吴琼花等主角，身后总跟着一群追星族。可她本人并不喜欢出头露面的事，总是躲得远远的，只要不排练就躲在蚊帐里读巴尔扎克、雨果、托尔斯泰的名著。那些年头读这类"封资修"的书是很严重的问题，她只能躲着读，再加上读起书来不分白天黑夜，终于有一天，她的眼睛也高度近视了。

现在谈到十九世纪的西方小说，罗彩文还可以兴奋地背出大段大段的章节。她说，读书培养了她对艺术的理解力和创作力。对艺术的痴迷，把她从一个舞者变成了一位儿童舞蹈艺术家。

**只知道舞蹈的"马大哈"**

在罗彩文家，见到了她的丈夫李西林。

他现任四川音乐学院副院长，也是罗彩文的"秘书"，因为罗彩文是典型的"马大哈"。李西林讲了一个"李西林找李西林"的故事：一次，李西林出差回家，到了门口高声喊开门，可是里面的罗彩文却说："李西林出差了。"丈夫以为妻子开玩笑，又敲了敲门，也开了个玩笑："找李西林。"罗彩文没好气地在房里回应："跟你说了李西林还没回来！"丈夫知道妻子又犯"痴迷"，于是使劲敲门。愤怒的罗彩文将门一下拉开，丈夫径直拎着包往里走，"你这人咋不讲道理呢，跟你说不在就不在！"李西林已坐在沙发上了，罗彩文还气鼓鼓的，定睛一看，才疑惑地说："你是李西林，咋个说找李西林呢？"这下子罗彩文很不讲理地大大地生了一场气。

罗彩文说自己这类笑话很多，都是因为这些事正好撞上她在想自个的事。这"自个的事"就是她的那些儿童舞蹈。

李西林说，她曾迷糊得把汽油当药喝。那些年她一人在深圳干事业，废寝忘食对于她来说简直就是常事，为此落下了胃病。一次胃痛得厉害，她将六十毫升汽油当成药喝下全然不知。还有洗衣时将豆粉当成洗衣粉还直夸"高效低泡"。

因为高度近视,她也闹了不少误会。舞蹈演员走起路来原本就"昂首挺胸",高度近视的她还变得"目中无人",加上她常常走路时脑子里全是舞蹈、音乐、舞台布景,这一切都靠她自己设计,"走神"自然是常事。有人对她丈夫说:"看你当官了,你妻子也骄傲起来,对面撞过,她理也不理别人。"夫妻俩真是哭笑不得。

也只有李西林能理解妻子的那种执着。

罗彩文是幸福的,她有一份自己热爱而且成功的事业,也有一个很爱她很理解她的丈夫。她因为生活而充实,因为事业而美丽。


采访札记:

这个秋天我遇见了一个美丽的女人,罗彩文。她是幸运的,有成功的事业和一个爱她的丈夫。而且,按现在大多数人的价值观,他还是一位能让女人感到荣耀的丈夫。但是,没有多少人知道她成功背后的付出。

在她沉静的外表下,有一颗不"安分"的心,正因为这颗心执着于事业,才一直对生活充满激情,也才取得成功。世上没有免费的午餐,没有付出就没有收获,罗彩文爱说这句很直白的话,这是她的人生体会。

一九九二年,由文化部、中国舞蹈家协会等八家单位,为罗彩文在成都和北京举办了个人作品专场演出会。演出非常成功,当时她完全可以在成都"坐吃老本",但她创作儿童舞蹈的激情,令她选择了去深圳闯荡。远离故乡的那块土地,给了她一个新的空间,她一扎进去就是八年。八年里有许多时候她以方便面为主食,因而落下胃病;八年里,她曾误将汽油当药吃;八年里,因忙演出一连二十四小时没吃没喝的事也有过;八年里,她多次病倒在排练场上,是孩子们的小手抚慰她,让她忘掉病痛。为了自己"痴迷"的儿童舞蹈,她孤身一人在深圳八年,八年分居,夫妻需要怎样的理解?他们说因为是患难夫妻,所以才经得起八年的考验。

有哲人说"唯有偏执狂才能成功",虽说这话也有些偏执,但许多事业成功、婚姻圆满的人,就是靠着"痴迷劲"走到胜利的一步。对一件事情"痴迷"就会在其他事情上显得"弱智"。罗彩文生活中闹的笑话很多,这让我想起陈景润生活中的"弱智"笑话也很多,这也许正是他们保持内心纯粹的一种方式。"痴迷"是很少有人能达到的一种境界,它有一种充满智慧的美丽。

黄英　2004年11月5日《四川日报》

# 罗彩文又获舞蹈大奖

日前，著名少儿舞蹈家、中国儿童歌舞学会常务理事、成都市舞蹈家协会副主席罗彩文女士，荣获"全国十佳儿童舞蹈专家"的称号；二十六日在全国儿童舞蹈大赛上，由她编排的三个节目获得了三个金奖。

据悉，罗彩文多年来从事少儿舞蹈工作，曾获众多殊荣。一九九二年中国舞蹈家协会、文化部全国少儿艺术委员会、成都市委宣传部等八家单位，联合为她举办了《彩色的爱》个人舞蹈作品专场会。一九九五年，罗彩文从四川移师到深圳，她创编的儿童舞蹈节目先后出访过欧洲、中东及非洲的十几个国家，其中《欢乐的节日》等先后荣获波兰、乌克兰、罗马尼亚等国际艺术节的多项大奖。

今年二月，罗彩文回到成都，致力于四川儿童舞蹈的研究教育工作。经过四个多月的创作和编排，八月份她带着二十四个四岁至六岁的孩子，前往北京参加"新苗杯"全国儿童舞蹈大赛。其中，四川音乐学院音乐幼儿园的舞蹈《今天我值勤》获得编导金奖和表演金奖。省军区幼儿园的《小猫钓鱼》和空军幼儿园的《火车开啊开》同获金奖。罗彩文的丈夫、作曲家李西林为这些舞蹈编写了音乐，其中《今天我值勤》的音乐获得作曲银奖。

现在，罗彩文和美籍华人杨继龄女士联合创办了成都"娃乐贝"少儿艺术团。她说："娃乐贝是澳洲的一种袋鼠，我希望通过这个艺术团给孩子们提供更多的国内外演出的机会，以便发挥他们的才能，促进他们的健康成长，就像袋鼠妈妈精心培育自己的小袋鼠一样。"

记者　罗婕
2003年8月31日《华西都市报》

# 罗彩文的多彩人生

跟罗彩文是多年邻居,听说她从深圳回来,赶忙去采访。罗彩文的家在环境优美的四川音乐学院宿舍里,4室2厅,宽敞的客厅里几盆植物绿意盎然,条子花绸面休闲沙发上卧着懒洋洋的长毛小狗,最引人注目的是墙上挂着的六七幅照片,那是她在不同国家演出时的留影,其中一幅是和丈夫在阳光灿烂的非洲,棕榈树下,罗彩文风姿绰约,风掀起她的裙角,怎么也看不出她已是有一对在德国生长的双胞胎孙子的祖母级人士。

殷实舒适安稳的家,却没能留住她。现在,罗彩文一年近三百天都住在深圳南头小学那套小小的一居室里,每天风雨无阻地出现在学校专为她而修的五百多平方米的排练厅,教她的孩子们跳舞。像很多美丽的女人,罗彩文在生活上大大咧咧,常常闹出许多笑话,比如缝被子缝好时才发现,被面已飘到桌下去;冷水下挂面,煮菜时锅底都烧穿了还不知道。但业务上她却从不含糊,这反而使她拥有了一种独特的魅力。从十六岁时毕业于四川省戏剧学校,分配到绵阳歌舞团开始,旋转的红舞鞋伴随她度过十八个春秋,《白毛女》中的喜儿、《红色娘子军》中的吴琼花、《红缨》中的杨开慧……青春和汗水在舞中旋转洒落。她体会到舞蹈是人体在情结之手的神秘力量下的旋动,眉梢的一颦一笑,是生命对苦难的示威,舞蹈中,有春花秋月、夏荷冬雪,会为生命中豁然敞开一片绿满十里的平湖。

一九八○年,调入成都幼儿师范学校任舞蹈老师的那个秋天,罗彩文第一次创作的少儿舞蹈《为了明天》在市级比赛中获得一等奖,从此大大小小的奖杯和殊荣总是与她结缘。一九九二年,又一个深秋时节,她带领一个儿童专场节目进京,《彩色的爱》火爆京城,被一些老艺术家惊呼为"少年舞蹈精品",称赞它"预示着儿童舞蹈艺术的春天已经来到",是"儿童舞蹈园地的一个新坐标"。"四川省三八红旗手"、中国舞蹈家协会会员、中国儿童歌舞学会理事等殊荣接踵而至。

作为一名少儿文艺工作者,罗彩文的灵感来源于对孩子的爱和理解。曾有一段时期，中国儿童舞蹈总是冲天辫加红肚兜，抓小鱼捉迷藏，模式雷同，观念保守，连儿童也不愿多看。罗彩文所做的不过是蹲下来，以平视的眼光观察孩子，领悟童心。罗彩文的孩子们都是当代的，他们玩电动玩具和变形金刚，学一休，扮丑娃，他们的世界如此纯净、率真，却又如此博大深邃，即使成年人也会感动、深思。在舞蹈《种太阳》中，孩子们拿着小铁锹，一丝不苟地挖土、浇水，最后结出了太阳一样的果实。两个盲童也参与其中，并且感受到了太阳的热烈。孩子们的果实就是这样具有让世界每个角落温暖明亮起来的魔力。

  罗彩文与儿童舞蹈再也分不开了，因这里不仅有爱，更有她生命的光彩。一九九五年，深圳南头小学李先启校长组建少儿艺术团的创意打动了她，她远赴南方，继续探索她的儿童舞蹈艺术。一九九六年，受文化部委派，她带着她的孩子们参加了在罗马尼亚举办的国际民间艺术节，在舞蹈《欢乐的节日》中，孩子们以地道的民族风格，击败美国、法国等八个国家的选手，夺得一等奖和三项特别奖。之后，在遥远的约旦、多哥、法国，中国孩子的表演再次征服了观众和各国艺术家，人们为孩子们的出色表演一次次欢呼、鼓掌，总监、导演兼领队的她已很累很累，默默站在一旁，欣喜、委屈、兴奋、释然都齐齐涌上心头。这就是生命啊，百番滋味，万般色彩！

刘小兰

《四川日报》专刊

## 童心织起一片天
### ——访著名儿舞编导罗彩文

儿童舞蹈《孩子·鸽子·明天》在刚刚结束的"小荷风采"全国儿童舞蹈大赛中获得金奖,其创作者为享誉海内外舞坛的著名川籍儿舞编导罗彩文。而在此之前,她就是中国第一位在国际比赛中连续三次获大奖的编导。趁她回蓉省亲之际,记者采访了她。

罗彩文原是成都幼师的高级讲师。一九九二年,她的《彩色的爱》个人作品专场在成都举行,引起强烈反响。同年,国家文化部和中国舞协将这台演出邀至北京举行,同样引起广泛赞誉。为此,中国舞协和全国少儿艺术委员会为她颁发了"突出贡献"证书。一九九三年,她荣获"四川省三八红旗手"和"四川省巾帼建功先进个人"称号。一九九五年,罗彩文以借调的方式到了深圳,担任南头小学艺术团的艺术指导和编导。第二年,深圳电视台"96庆六一"文艺晚会的全部节目出自她手。同年八月,国家文化部委派南小少儿艺术团赴非洲访问,演出引起了巨大的轰动,随后,艺术团又参加了法国国际儿童艺术节。一九九八年,艺术团又出访以色列和约旦。这一年,在罗马尼亚举行的"迎春花国际学生艺术节"上,罗彩文的作品《欢乐的节日》摘取了一等奖的桂冠。在今年举行的乌克兰国际民间艺术节和波兰比得哥什音乐节上,该作品再获一等奖和最佳表演奖。

罗彩文以执着的精神在中国儿童舞蹈事业领域里开创了一片灿烂的天地,成为我国成绩斐然的儿舞编导家。记者问罗彩文愿不愿意回到家乡施展才华,她说非常愿意,她忘不了当年举办个人作品晚会因经费严重不足时,成都市一位主要领导所给予的大力支持。她听说现在成都的儿童舞蹈事业发展得好时很高兴,表示时机成熟了,一定回乡效力。

记者　陈晓霞
2000年8月28日《成都晚报》

附录四
来自孩子们的几封信

Dear罗老师：

　　谢谢您对我的悉心栽培，不仅让我有了舞台上的光辉，还让我有了这一段难以忘怀的美好回忆，您给了我出国表演交流的机会，成为我这一生中的闪光点。

　　这次的76周年校庆，与您的再次重逢令人兴奋不已，老师，您依旧气质非凡，风韵犹存，哈哈（保养得真好，嘻嘻）。

　　记得从前，您的教诲犹如潺潺的清泉，在我的心灵的河床里，从童年流到现在。

　　想说的说不完，

　　　想写的写不完，

　　　　仅以一张卡片印上祝福……

　　　　　给我最喜爱的老师

　　让阳光普照您所有的日子，

　　　让花朵开满您的人生旅程。

罗小夏<br>2008年

给敬爱的罗老师：

很幸运，在我的生命中遇到罗老师您这么好的一位老师。在您的启蒙下，我对舞蹈产生了浓厚的兴趣，并在生活中受益匪浅。

您是一株挺拔长春的树，根扎在明亮的课堂里，花开在我们的心坝上，果结在浩瀚的生活中。真的很感谢您，对我们的细心栽培。您的教诲我永远不会忘怀。想说的说不完，想写的写不完，仅此送上祝福。祝您身体健康、心想事成、万事如意！

学生：倪立远<br>2008年12月21日

亲爱的罗老师：

不知不觉我们相识已经13个年头了，回想起第一次与您相见，然后接手了我们，仿佛就是昨天的事。

过去的这些年头我们失去了联系，其实不能说是良心问题，也不是说忙得连联系的时间都没有了，只是因为在不断地长大，认识的人不断地增多。以前的东西都被压在了心底，直到这次校庆，与您还有这一帮最可爱的伙伴们相聚，才唤醒了我内心最珍贵的记忆。我们一起翻阅《雏鹏展翅》的画册，一起回想过去的每个细节，一起感叹这次校庆舞台上少了我们的身影是多么遗憾的一件事。

因为您，我学会了倒立前滚翻，虽然训练的时候吃了不少苦，妈妈经常心疼我背上青一块紫一块的，同学们怕我脖子扭了，可是我没有放弃过，我做到了，我的成功离不开老师的辛勤耐心的教导。

因为您，我们在小P孩的时代获得了两次出国的机会，在那个时候，即使有钱也未必能像我们见识的这么多。

未来的日子，希望您健康快乐，越活越年轻，亲爱的老师，我要告诉您，不管您在哪里，都会一直在33的心里，期待与您下一次的相聚。

爱您的学生：珊

2008年12月21日

罗老师：

　　南小建校76周年，将我所有的思绪都牵引到了这里——学初训练的舞蹈室，在这里留下了我们的笑声、哭声、汗水和泪水，日日夜夜，舞蹈队员成了无话不谈的好姐妹，罗老师，您待我们犹如母亲关怀。

　　十年前，我们在您的教导下，出访国外，获得无数大奖，拥有至高荣誉，鲜花、掌声更是将我们围绕。可是，当时的我们年幼无知，无法体会到老师您的辛苦，我们厌倦了平日枯燥的基本功，反复地跳着同一支舞蹈，重复同一个动作，有一次，我们大家都偷懒，把您给气哭了，当时我们都觉得成功摆脱训练，而孰知第二天训练照常。

　　今天，有机会给老师写最心底的话，我想真心地跟老师说声"对不起"，因为我们年少无知而让老师生气，让老师伤心，我们长大了，理解老师的严厉，对我们的要求严格，这让我在以后的人生中受益匪浅。

　　希望老师在今后的人生中能教导出更多优秀的学生，获得更多的荣誉。

　　祝罗老师

　　　　身体健康　青春永驻

　　　　舞蹈事业更加突出，更上一层楼！

您的学生：宋婷

2008年

敬爱的罗老师：

您好！

罗老师，许久未见，身体安好！

操场东边是一片花坛，每到春末至之时，便会有五彩斑斓的苞蕾悄悄探出头来，弥漫着醉人的香气，缓缓蔓延开来……最喜其中一枝独秀，艳红色，淡雅，芳心，散发着光，却簇拥在一片无名的苞蕾中。这里是与您初遇的地方，您还记得吗？

每当回到母校，恰巧瞥见这枝花，便会让我想起老师您，一位平凡的灵魂舞蹈家。

您像一只春蚕，一生没说过自诩的话，那吐出的银丝就是丈量生命价值的尺子。敬爱的老师，您从未在别人眼前炫耀过，但那盛开的花季，就是对您最高的评价。

您的眼睛，是我永生不会再遇的海。"舞人从容而舞，形舒意广"。这是见到您第一次舞蹈时您给予我的教诲。那段舞蹈最令我难忘，您的心像遨游在无垠的太空，自由地远思畅想。开始的动作，像是俯身，又像是仰望；像是来，又像是往……是那样雍容不迫，又是那么惆怅，实难用语言来形容。接下去，又像飞翔，又像步行，又像倒立，又像倾斜。不经意的动作也绝不失法度，手眼身法都应着鼓声。纤细的罗衣随风飘舞，缭绕的长袖左右交横。变换的姿态飞舞散开，曲折的身段手脚合并……您的眼中散发着光，让人着迷……从那天起，我便决定了，要跳出与您一样美丽的舞蹈……

过程并没有想象中那么美好，每天的练习和每次的演出，都让人精疲力竭。很辛苦，但是却很幸福，我知道我在您那里前进，我满怀感激与期待，享受着舞蹈带给我的所有的快乐和痛苦。因为您在我气馁、想着要放弃的时候曾微笑着告诉过我，有时候，我们并没有犯什么过错，却被迫处于窘境；相反的，有时候并没有做多少努力，却好运登门事事顺利。无须过于深究，我们只要扪心自问——有没有尽力去做，用心去感恩——就可以了。最终你学过什么，在你的未来都会像珍珠项链一样被串起来，它很美，比起每一颗珠子来说，它更美丽，更完整。

您像一支烛炬，固然细弱，但有一分热，发一分光，照亮了我们，耗尽了自己。这无私的奉献，令人永志难忘。

曾和您一起赴土耳其演出，在那里，我遇见了生命中最重要的一位贵人，她现在从我的世界里消失了，却留给了我无尽的勇气和力量。她是一位平凡的母亲，以卖手工艺品为生，我住在她的家里，家里有一个哥哥和一个姐姐，她丈夫在德国工作，她一个人要照顾两个孩子，当然，也把我当亲生女儿对待，算起来有三个。住在她家里的时间并不长，我也不知未来的自己会对他们产生如此之深的感情。简简单单的生活，教会了我做手工，辨认不同花的香气，还有接触那么美丽的设计方式……她和姐姐一直和我在一起，对，直到我们离开他们的城市，还是在一起……并不富裕的俩母女，开着并不豪华的小轿车，紧紧地跟着我们的巴士。一个城市到另一个城市……直到那天，我们离开了这个充满谜团、温馨古老、充满回忆、汗水和泪水交织的国家……

那时太小，没有自己的意识，她隔段时间都会给我打电话，我英文不好，简简单单的几句问候便挂断了电话……直到我意识到的那一天，我发现，我再也找不到她们了……就像永远消失了一样，只记得最后的一通电话，她哭得好厉害，听说她专门为我去学了英文……但是我并没有听明白她在哭诉什么……我为我的不珍惜、不敬爱、不感恩感到自责难过了好些时候……每次练舞，您都会叫我帮您挑白头发，现在我终于明白什么意思了。记得那时您曾对我说："使一个人改变的东西实在太多，而一个人能改变的实在太少，我们对此无能为力。但是请记住那些曾经走进你生命中的人们，即使有一天他们不在了，记忆的某个角落里依然会留下深深的痕迹。他们来教会你什么，然后就会默默离开。如果某一天有机会再见，就轻轻道一声'谢谢你'，然后挥手告别，收拾心情整装出发。"

您的爱，像太阳一般温和，像风一般和煦，清泉一般甘甜。您的爱，比父爱更严肃，比母爱更细腻，比友爱更纯洁。您的爱，天下最伟大、最高洁。

在学校，我很有名，像小明星一样，但是与此同时我真的也失去了很多东西。每当我因此独自哭泣的时候，您都会语重心长地告诉我：世事岂能尽如人意，只要问心无愧就好。不必伤心难过，更不必因他人的好运而嫉妒羡慕，学会宽容学会理解，认真做好自己，感谢帮助过你的每一个人，更要感谢嘲笑你的每一个人，他们教会你的会让你终身受益。相信懂得感恩、懂得回报的人最终能够收获成功和幸福。

过去的一页，能不翻就不要翻，翻落了灰尘会迷了双眼。现在的一页，能够珍惜就全力珍惜，珍惜过时间就不会再有遗憾。重要的，是我们学会了什么。

老师，是您，教会了我舞蹈；是您，让我学会如何对待自己的心；是您，教会我什么是美丽；是您，带我走过那么多地方，遇见那么多人和事，教会我成长和思考；是您，带着我度过那么多苦涩却欢愉的日子；是您，是您……就算用满天彩霞谱写颂歌，用遍地鲜花编织诗篇，也无法表达出我此刻内心对您的感激之情！

您是最棒的老师！知道吗？我们身上散发着智慧与美的光，这个光会永远闪耀下去！这个由您亲手点燃的火花，我们会让它绽放出最耀眼的光芒！

新的学期开始，希望您过得愉快，就像您带给我们欢乐一样。

由衷地向您表达最诚挚的谢意，以及祝福！

爱您的学生：周婧雯

2014年3月

我和罗彩文老师的相识是在1995年，那时我还在读小学，她是我的舞蹈老师。正是从她那里，我有机会体会到舞蹈之美并对艺术产生了深深的热爱。

作为一名儿童舞蹈教师，她的专业能力卓越超群。她尊重儿童的发展规律，总会把动作分解入微，耐心地为我们讲解和示范。跟随罗老师学习的时光总是令人非常享受的，因为她对于舞蹈和教学的热情总是鼓舞着我去探索舞蹈之乐，并且学习到坚持的重要性。曾经有一段时间，我动了退出舞蹈队的念头，因为那个时候我的父母认为跳舞占用了我太多的时间，他们担心会影响我的学业。这个时候，罗老师给我了极大的支持，她鼓励我继续追求我的舞蹈之梦，并且约见

我的父母，向他们解释对于舞蹈的一些误解以及我在舞蹈方面的天赋。在罗老师的帮助下，后来的事实向我的父母证明了，我有能力平衡好两者的时间并获得双丰收。在学习舞蹈期间，我的学习成绩从没掉出过班级前三，而且还成为舞蹈队的队长。

罗老师的舞蹈教学目标绝不仅限于舞蹈技艺的传授，她很重视审美直觉和道德情操的培养。在我的记忆中，她注重过程而不是仅求结果，经常鼓励我们树立远大理想，同时尽全力做好眼前的事，在学业和舞蹈上都要一丝不苟、精益求精。她处处以身作则，令我印象深刻的是，每当谈起或做着和舞蹈有关的事的时候，她看上去似乎永不知疲倦。课下，她总牺牲个人休息和度假的时间，将大量精力投入编舞当中。在她编排的舞蹈里，丰富地融入了各民族文化的符号和元素，以充分发挥舞蹈艺术的表达和审美功能。正是因为她所具有的广阔视野和持续的努

力，我们舞蹈团有机会访问非洲和欧洲的国家，把我们的舞蹈作品和世界各个角落的人们分享。

我内心对罗彩文老师充满了感激，至今回想起来，我人生中后来的一些决定也深深受益于跟随罗老师学习的这段时光。受到她寰球视野的启发，我在大学毕业后申请到美国留学，并拿到全额奖学金，在那里完成了我三年的学习。我在伊利诺伊州接受家庭与婚姻治疗师的训练，成为一名临床治疗师。在这期间，我发现自己的咨询风格受我早年舞蹈学习的影响。在临床实践中，当我的一些来访者难以表达自己内心的想法和感受时，我常创造性地运用艺术的方式，如舞蹈治疗和艺术治疗，帮助我的来访者通过舞动、绘画或音乐等艺术形式进行表达。在我个人的生活中，我通过艺术的角度和方式去感受和观察每天的生活，这也给我带来无穷的快乐体验。

罗老师对她的每个学生都很关心，并且十分了解我们。能成为她的学生，我感到很有幸也很感恩。虽然我们现在在地理上相距较远，但很高兴我们成了很好的朋友并且保持联系。我衷心地希望有更多的人能从她爱和艺术的传播中深深受益。

邱璐璐

（现任南方科技大学心理咨询师）